JN239471

コク、甘み、塩味のバランスで作る
おいしさの探求

トーストの発想と組み立て

ナガタユイ

はじめに

「Bread and butter」とは、
バター付きのパンのことではなく、
「生活の糧」「日常に欠かせないもの」を意味する慣用句です。

パンとバターは基本的な食事の象徴で、
必要不可欠なものだからこその比喩表現です。

バターだけのシンプルなトーストは
贅沢ではないけれど、
決して飽きることはありません。

本書でお伝えしたいのは、
そんな引き算のトーストのおいしさです。

パンの厚さ、焼き方、
バターの合わせ方など
ひとつひとつを掘り下げることで
自分史上最高の、
ずっと食べ続けたくなる一枚に出会えるはずです。

ナガタユイ

Contents

01 トースト
基本の知識 ………… 9

おいしいトーストを組み立てる
食パンのこと ……… 10

食パンの種類 ……… 11
食パンの厚さ ……… 12
食パンの焼き加減 ……… 14

おいしいトーストを組み立てる
食パン以外のパンのこと ……… 16

食パン以外のパンの種類 ……… 17
トーストの加熱道具 ……… 18

おいしいトーストを組み立てる
コクと甘みと塩味のこと ……… 20

1 コク
バターの合わせ方 ……… 22
バターの種類 ……… 24
合わせバター ……… 26
バター以外の油脂 ……… 28

2 甘み
ジャム ……… 30
はちみつ・砂糖・その他の甘味料 … 34
スイーツ系スプレッド ……… 36
コク×甘みで楽しむトースト ……… 40

3 塩味
チーズと塩 ……… 42
コク×塩味で楽しむトースト ……… 44

おいしいトーストを組み立てる
スパイスとハーブ、調味料 ……… 46

おいしいトーストを組み立てる
バターの道具 ……… 48

トースト豆知識 ……… 50

02 シンプルトーストを
極める ……… 53

1 コク
バタートースト

ダブルバターのカリサクトースト ……… 54
バターがしみ込むサクふわトースト ……… 55
ふんわりバターの半斤トースト ……… 58
しみしみバターのジュワッとトースト ……… 59
バターが香るフライパン焼き
カリカリトースト＋ひとつまみソルト ……… 62
バターを味わう ザックリ半斤トースト
＋ひとつまみシュガー ……… 63

合わせバターのトースト ……… 66
レモンバタートースト
トリュフバタートースト
エスカルゴバタートースト
ロックフォールバタートースト

バター以外の
油脂を味わうトースト ……… 68
ごま油トースト
ラードのトースト
ココナッツオイルトースト
オリーブ油トースト

種実系バターのトースト ……… 69
ピーナッツバタートースト
アーモンドバタートースト
くるみバタートースト
タヒニトースト

1 コク × 2 甘み
シュガートースト

常温バターとグラニュー糖の
ジャリジャリシュガーバタートースト ……… 70
常温バターと純粉糖の
ふんわりシュガーバタートースト ……… 71
冷蔵バターときび砂糖の
こく甘バタートースト ……… 74
バターとカソナードの
ガリガリブリュレトースト ……… 75

シュガートーストアレンジ ……… 78
シナモンシュガーバタートースト
クロワッサン食パンのカルダモンバタートースト
レモンバターアイシングトースト
メープルシュガーバタートースト

はちみつトースト

カリカリはちみつトースト …………………… 80

ふわとろはちみつトースト …………………… 81

シャリジュワ コムハニーバタートースト …… 84

コク甘＆ほろ苦
栗はちみつとナッツのバタートースト ……… 85

その他の甘味料のトースト ………… 88

黒蜜バタートースト
メープルバタートースト
練乳バタートースト
アガベシロップ＆オリーブ油トースト

ジャムトースト

ごろごろいちごジャムトースト ……………… 90

つぶつぶブルーベリージャムトースト……… 91

スイーツ系
スプレッドトースト

濃厚ショコラトースト …………………… 94

あんバタートースト ……………………… 95

1 コク × 3 塩味 チーズトースト

シュレッドチーズのミックスチーズトースト… 98

モッツァレラの糸引きチーズトースト …… 99

シュレッドチーズの
パリパリチーズトースト ………………… 102

ラクレットのとろーり
コク旨チーズトースト ……………… 103

塗る チーズトースト

リコッタとオリーブ油の
イングリッシュマフィントースト ………… 106

マスカルポーネとはちみつの
ブリオッシュトースト ………………… 107

のせる チーズトースト

セル・シュール・シェールと
はちみつのタルティーヌ ………………… 110

カマンベールとはちみつの
レーズン食パントースト ……………… 111

アレンジ チーズトースト

モッツァレラと
バジルのタルティーヌ ……………… 114

モッツァレラとアンチョビの
プルアパートトースト ……………… 115

焼かないチーズトーストアレンジ… 118

マスカルポーネ ＋あんずジャムトースト
ブリー ＋バルサミコいちごジャムトースト
クリームチーズ ＋オレンジマーマレードトースト
ブルードーヴェルニュ ＋ブルーベリージャムトースト

03 料理系トースト …… 121

シンプル卵トースト

焼いてからのせる ハムエッグトースト ………… 122

のせてから焼く ベーコンエッグマヨトースト …… 124

一緒に焼く ワンパントースト ………… 126

浸して焼く カルボナーラトースト ……… 128

イングリッシュマフィンで

焼いてからのせる スクランブルエッグトースト … 130

しみ込ませる 塩味フレンチトースト ……… 130

ピザトースト

レトロピザトースト …………………… 132

グラタントースト

エビとブロッコリーのグラタントースト ……… 134

ピザ系トースト ………… 136

じゃこピザトースト
ロマーナ風ピザトースト

グラタン・キッシュ系トースト ……… 137

クロック・ムッシュ風トースト
食パンキッシュ

生野菜トースト

カラフルトマトトースト …………………… 138

ゴーヤートースト ………………………… 139

生野菜×バタートースト ………… 140

マッシュルームトースト
きゅうりトースト
ラディッシュトースト
ピーマントースト

温野菜トースト

オニオングラタントースト ………………… 142

バター醤油コーントースト ………………… 143

温野菜×バタートースト ………… 144

きのこトースト
九条ネギトースト

温野菜×オリーブ油トースト ………… 145

れんこんトースト
焼き野菜とアボカド味噌トースト

04 スイーツ系トースト ………… 147

フルーツ＆クリーム系トースト
いちごのショートケーキ風トースト ………… 148
アメリカンチェリー＆リコッタトースト ………… 150
グレープフルーツ＆クリームチーズトースト ………… 150
ピーチメルバ風トースト ………… 151
シャインマスカット＆クリームチーズトースト ……… 151

卵＆タルト系トースト
キャラメルプディングトースト ………… 152
レモンタルトトースト ………… 154
チーズケーキトースト ………… 154
いちごタルトトースト ………… 155
プラムタルトトースト ………… 155

和スイーツトースト
あんみつ風トースト ………… 156
マスカルポーネ＆ゆであずきトースト ………… 158
焼きいもバタートースト ………… 158
あんずあんトースト ………… 159
いちじくあんバタートースト ………… 159

キャラメル系トースト
塩バターキャラメルのタルティーヌ ………… 160
焼きバナナのキャラメルトースト ………… 161
チョコキャラメルトースト ………… 161

ナッツ系トースト
アーモンド＆バタートースト ………… 162
ピーナッツバター＆バナナトースト ………… 163
マロンケーキトースト ………… 163

05 トーストサンドイッチ ………… 165

トーストしてはさむ
BLT ………… 166
かつサンド ………… 168
耳だけエルヴィスサンドイッチ ………… 169

はさんでからトースト
グリルドチーズサンドイッチ ………… 170
クロック・ムッシュ ………… 172
ほうれんそうとチーズのホットサンド ………… 173

トーストして入れる（ポケットトースト）
ミックスサンドイッチ ………… 174
ツナサラダ＆ルッコラ ………… 176
コンビーフポテトサラダ＆クレソン ………… 177

06 世界のトースト ……… 179

Britain
ビーンズ・オン・トースト ………… 180
ウェルシュ・レアビット ………… 181
マーマイトトースト ………… 182

Japan
納豆トースト ………… 183

France
ウフ・ア・ラ・コックとムイエット ………… 184

U.S.A.
フレンチトースト ………… 185

Spain
パン・コン・トマテ ………… 186

U.S.A.
アボカドトースト ………… 187

South Korea
インジョルミトースト ………… 188

Singapore
カヤトースト ………… 189

Tailand
蒸しパンとタイティーカスタードクリーム ……… 190
カノムパンナークン ………… 191

本書の使い方

・卵はMサイズ（正味50g）を使用しています。

・大さじは15㎖、小さじは5㎖です。

・E.V.オリーブ油はエクストラヴァージンオリーブ油の略です。

・白こしょうは特に記載のない場合は、細挽きを使用しています。

01

トースト
基本の知識

おいしいトーストを組み立てる

食パンのこと

トーストと辞書で引くと「【toast】薄く切った食パンの両面を軽く焼いたもの。また、そのようにパンを焼くこと。」（新村出編、広辞苑第7版、岩波書店、2020年、p.2075）とあるように、トーストの基本は食パンです。食パンを薄切りして焼く。たったそれだけのことですが、だからこそ奥が深いものです。
食パン自体も作り手によって配合や製法が異なり味わいは様々です。本書では、ベーシックなタイプを使用し、シンプルな組み立てでそのおいしさを探ります。

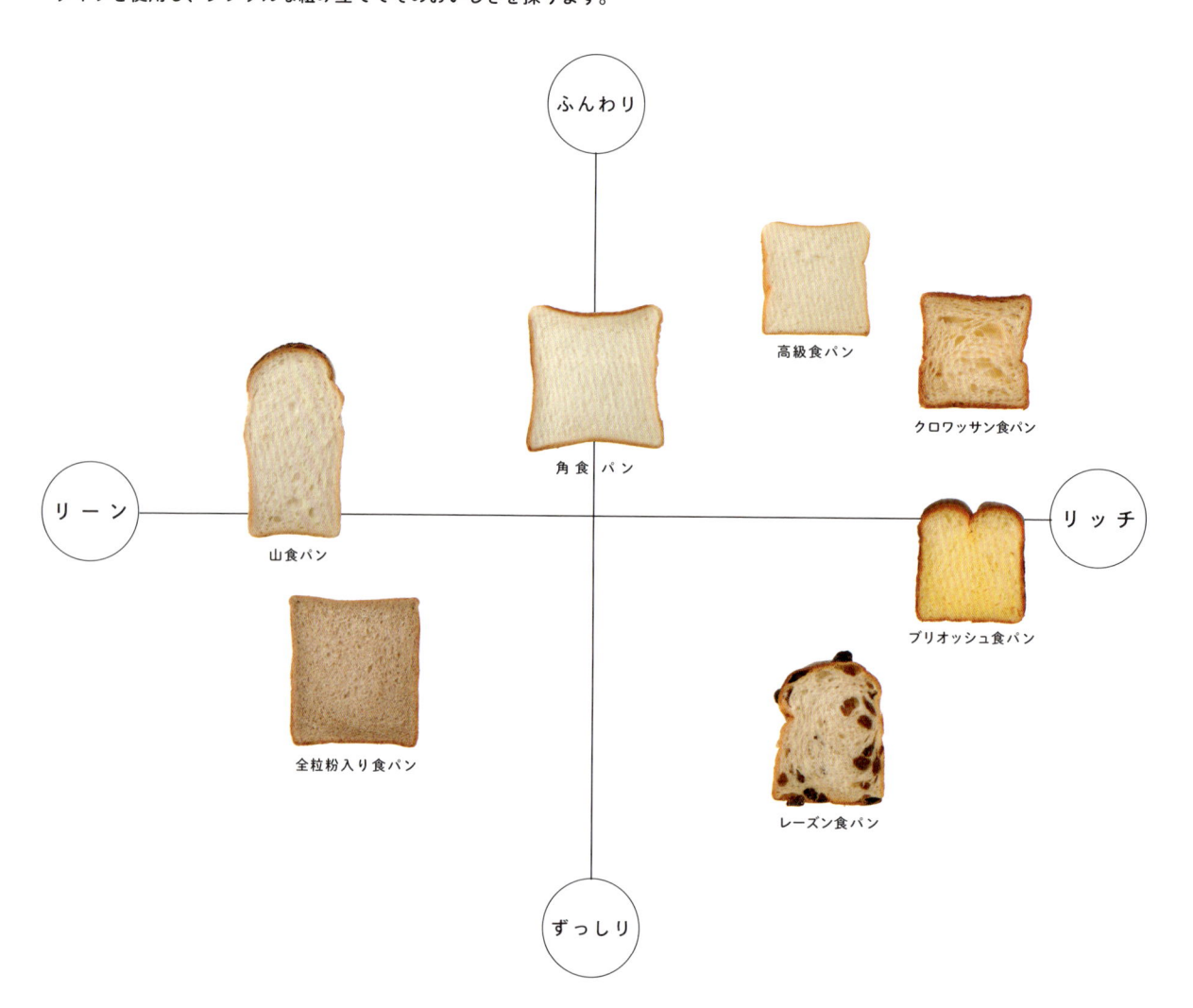

ふんわり

高級食パン

クロワッサン食パン

角食パン

リーン

リッチ

山食パン

ブリオッシュ食パン

全粒粉入り食パン

レーズン食パン

ずっしり

食パンは日本を代表するパンです。型に入れて焼き上げるので、クラム（中身）はしっとりきめ細かく、クラスト（皮・耳）はかたすぎず、口溶けのよさが特徴です。プレーンな生地なので、組み合わせる食材を選びません。日本の主食である「ご飯」のような存在で、毎日の食卓に気軽に取り入れられる普段着のパンです。

食パンの 種 類

しっとり上品
角食パン

一番の基本となる、プレーンな食パンです。ふたをして焼くため、中はしっとりやわらかく、トーストにはもちろんサンドイッチにも欠かせません。生地自体の主張は控えめなため、どんな食材とも合わせやすく、合わせる食材によって変化が楽しめます。

ふんわり	★★★
もっちり	★★★
リッチ	★★☆

さっくり食感
山食パン

ふたをせず焼くことで生地が垂直に伸び、上部が山形に膨らみます。角食パンと比べるときめが粗く、トーストするとザクッとした食感が楽しめます。シンプルな味わいのものが多く、組み合わせる食材を選びません。日本ではイギリスパンとも呼ばれます。

ふんわり	★★☆
もっちり	★☆☆
リッチ	★☆☆

リッチな味わい
高級食パン

しっとりリッチな味わいの食パンは作り手により様々なバリエーションがありますが、生クリームやバターを使用し、風味豊かで糖度も高めのタイプが多く見られます。トーストの色づきが早いので、スライスの厚さと焼き時間のバランスが大切です。
＊本書では生クリーム入りの小型食パンを使用しています。

ふんわり	★★☆
もっちり	★★★
リッチ	★★★

風味豊か
全粒粉入り食パン

小麦全粒粉を使った食物繊維が豊富なヘルシーブレッドで、近年人気が高まっています。素朴な味わいと香ばしさが特徴です。使用する全粒粉が粗挽きタイプのものはザックリとした食感に、微粒タイプなら香ばしさがありながらも比較的なめらかです。焼くことで一層香りが引き立ちます。

ふんわり	★☆☆
もっちり	★☆☆
リッチ	★☆☆

細挽き全粒粉

粗挽き全粒粉

食パンのバリエーション

レーズン食パン

生地に副食材を加えた食パンの中でも一番手に入りやすく、かつアレンジがしやすいです。レーズンの酸味と甘みがよいアクセントになります。トーストの際、レーズンが焦げやすいので注意しましょう。
＊本書では小型のワンローフタイプを使用しています。

ブリオッシュ食パン
（ブリオッシュ・ナンテール）

卵とバターがたっぷりのブリオッシュ生地を型に入れて焼いたものです。卵のコクが感じられるリッチな味わいです。トーストするとバターの香りが立ち、さっくりと焼き上がります。

クロワッサン食パン

バターをたっぷり折り込んだクロワッサン生地を型に入れて焼いたものです。トーストすると、バターがなじんでしっとりしたクラムと、クラストのさっくり感のコントラストが際立ちます。
＊本書ではバター100％使用の甘くないタイプのものを使用しています。

食パンの 厚さ

トースト作りの最初の作業は食パンの厚さを決めてスライスすることです。スライスした食パンを購入するなら、その時点で厚さを選ぶ必要があります。

食パンの厚さを変えることで、トースト後の食感と香りのバランスは大きく変化します。薄切りなら全体が香ばしく、水分量が減りカリカリに。厚切りなら表面はカリッと、中の水分量は保たれたままでふんわりもっちりと1枚の中で食感のコントラストが楽しめます。

また、トーストしたてのアツアツを食べるのか粗熱を取ってから味わうのか、バターでシンプルに楽しむのか複数の食材を合わせるのか、食材の組み合わせ方でもベストな厚さは変わります。基本になる角食パンの厚さとその特徴を整理しながら食べ比べてみましょう。

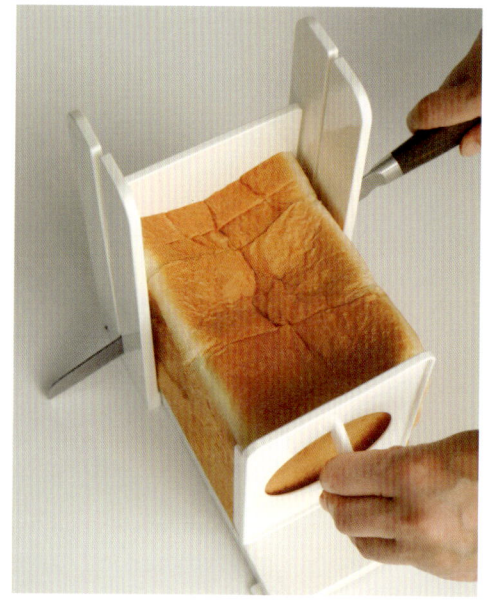

市販の食パンカットガイドを使用すれば専用のスライサーがなくても、まっすぐきれいに切ることができます。

極厚トースト

1枚の厚さ 約60mm

半斤トースト

大胆な厚みがありながらも、オーブントースターで焼きやすく、個性的なトーストアレンジができます。食パンならではの形状と食感のコントラストを最大限味わえます。端を使えば五面耳ありに。耳ならではの香ばしさや食感を活かしましょう。

厚切りトースト

1枚の厚さ 約30mm

4枚切り

程よい厚みで食べやすい、厚切りトーストの基本です。しっかり焼いても中のしっとり・ふんわり感が残ります。パン生地そのものを堪能したい時におすすめです。パンの存在感を活かせば、アレンジの幅が広がります。

1枚の厚さ約24mm

5枚切り

ちょっと厚めの標準トースト。関西では4枚切りと並んで人気が高い一方で、首都圏では見かけることが少ない厚さです。たっぷりの食材を組み合わせてもパンがしっかりと受け止めてくれる安心感があります。

1枚の厚さ約20mm

6枚切り

全国的にトーストの主流の厚さです。迷った時はまずはこれを試しましょう。表面のカリッと感と中のふんわり感のバランスが楽しめる万能な厚さです。

1枚の厚さ約15mm

8枚切り

ちょっと薄めの標準トーストは、さっくり軽く焼き上がります。4枚切り1枚と8枚切り2枚では、食パンの量は同じでもトーストした時の食感が変わり、食材とのバランスも変わります。好みの厚さ見つけるには両者を比較するとよいでしょう。

1枚の厚さ約12mm

10枚切り

サンドイッチに使われることが多い薄切りは、カリカリの軽やかなトーストに。バターやジャムと合わせると、パンの存在感が控えめに感じられる一方で、食材の味わいが引き立ちます。

食パンの 焼き加減

パンが一番おいしいのは、「焼き立て」ではなく粗熱が取れた「冷めたて」です。パンが時間の経過と共に乾燥してかたくなり、風味が落ちることを「パンの老化」といいます。トーストとは、老化してかたくなった食パンを、再加熱によりあらたなおいしさに変化させたものです。
本書では、角食パン、山食パン、全粒粉入り食パンの3種類が基本になります。3種類それぞれの生地の個性・味わいに合わせて、焼き加減を見極めることが、おいしいトースト作りの第一歩です。

焼き加減

焼き加減の比較

ほんのり	さっくり	こんがり
トーストする	トーストする	トーストする

「ほんのり」とは、焼き色をつけず表面が乾燥する程度が目安です。この時、食パンの中心温度は60℃前後となり、老化したデンプンがやわらかくなります。これを、具だくさんのトーストをおいしく作るための"プレトースト"として活用します。例えば、ピザトースト(p.132,133)やクロック・ムッシュ(p.172)を作る際、スライスした食パンにそのままソースや具をのせると食パンの水分がこもり、しっとり重く、引きが出ます。ところがあらかじめ軽くトーストすると、表面の水分が飛び、程よく乾燥しながらも、中のやわらかさは保たれます。この状態で食材を合わせると生地が沈みにくく、歯切れよく焼き上がります。

表面温度が160℃前後になると、クラムの表面がメイラード反応により色づきます。「さっくり」とした食感や香ばしさがプラスされ、トーストらしいおいしさが生まれます。薄く色づき始めたトーストの表面は軽やかな食感になる一方、中の水分は保たれており、もっちりふっくらしています。
冷めてもかたくなりにくいので、おいしさが長持ちします。粗熱を取ってからバターを塗ったり、サンドイッチにしたり、色々な食べ方が楽しめます。

さらに表面温度が200℃前後になると、表面の糖質がキャラメル化して軽く焦げ目がつきます。全体がきつね色になるまで「こんがり」焼くと表面はカリカリに。香ばしさが存分に楽しめます。薄切りなら中の水分も飛び全体的に軽い食感に、厚切りなら色づいた表面と中のしっとり感のコントラストが際立ちます。
トーストの魅力をはっきりと感じられる一方で、おいしさのピークが短く、冷めるとかたくなります。焼きたてのアツアツをいただきましょう。

食パンの種類と厚さの比較

角食パン

基本の角食パンは、どんな厚さにしても楽しめる万能選手です。

8枚切りは表面がさっくりと、もともとの生地がしっとりしているため中が乾燥しすぎず軽やかな食感です。

6枚切りは表面と中のバランスがよく、1枚の量も食べやすい基本の厚さです。

4枚切りは日本の食パンならではの厚切りトーストです。表面のさっくり感と、中のしっとり感・もっちり感とのコントラストを楽しみましょう。

◎ 8枚切り

◎ 6枚切り

◎ 4枚切り

山食パン

角食パンと比べるときめが粗く、トーストするとさっくり感が引き立ちます。

8枚切りは中の水分が飛んで、パリッと香ばしく焼き上がります。角食パンと比べると乾燥しているところは好みが分かれるかもしれません。

6枚切りは表面と中のバランスがよく、1枚の量も食べやすい基本の厚さです。山食パンならではのサクサク感と軽やかさが楽しめます。

4枚切りのプレーントーストは角食パンと比べると表面と中のコントラストが小さく、食感が単調で重量感が気になります。食材との組み合わせ方でバランスが変わるので、厚さを活かした組み立てが必要です。

○ 8枚切り

◎ 6枚切り

△ 4枚切り

全粒粉入り食パン

トーストすることで小麦全粒粉の素朴な味わいと香ばしさが引き立ちます。

8枚切りはザクッとして一番香ばしさが引き立ちます。全粒粉ならではの素朴な風味もストレートに伝わります。

6枚切りは表面と中身のバランスがよく、1枚の量も食べやすい基本の厚さです。表面の香ばしさが、ふんわりした中から立ち上がり全粒粉の風味を引き立てます。

4枚切りを1枚食べ切ると重量感があり、全粒粉の余韻を長く感じられます。

○ 8枚切り

○ 6枚切り

△ 4枚切り

おいしいトーストを組み立てる

食パン以外のパンのこと

トーストの基本は食パンですが、焼くことでよりおいしさが増すパンは他にもあります。田舎パンのような大きなパンは、薄く切り分けたら焼いて食べることが多いのではないでしょうか。湿度の高い日本では、バゲットのクラスト（皮）の食感が長持ちしませんが、これも焼くことでおいしさが復活します。イングリッシュマフィンなど、トーストが基本の小型パンもあります。ここではバリエーションとして、シンプルなトーストに向くパンをセレクトしました。

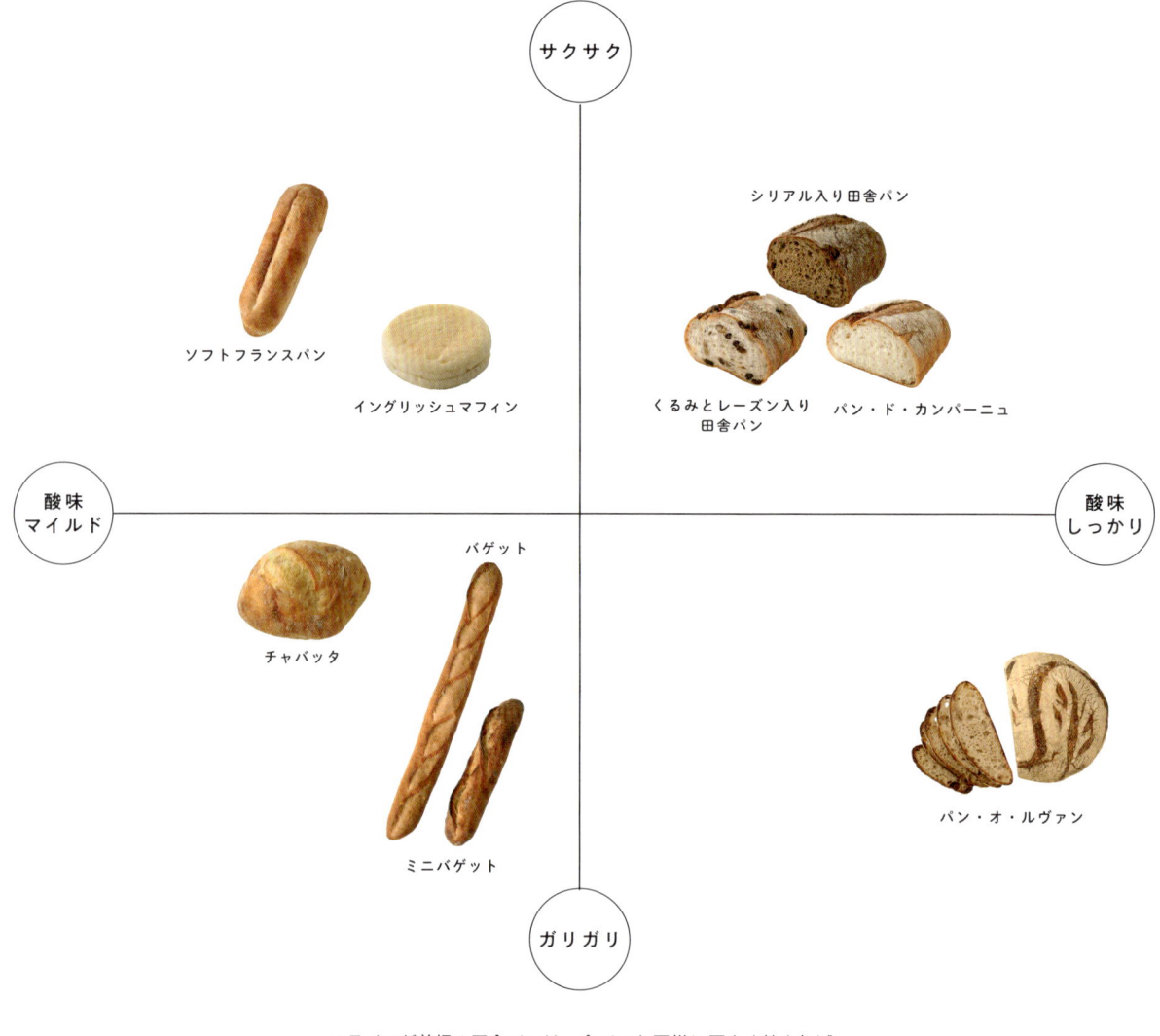

サクサク

シリアル入り田舎パン

ソフトフランスパン

イングリッシュマフィン

くるみとレーズン入り
田舎パン

パン・ド・カンパーニュ

酸味
マイルド

酸味
しっかり

バゲット

チャバッタ

パン・オ・ルヴァン

ミニバゲット

ガリガリ

スライスが前提の田舎パンは、食パンと同様に厚さや焼き加減を調整できますが、食パンほど幅広いアレンジには向きません。それぞれのパンの持つ味わいを活かした組み合わせやバランスを意識することが大切です。
バゲットやチャバッタは、作り手によって味わいが大きく異なるパンです。上記は、あくまで参考例として、お使いのパンの個性を見極めましょう。

食パン以外のパンの 種類

ガリッと香ばしい
バゲット

フランスを代表するパンで、小麦粉、塩、水、パン酵母だけで作られます。クラストの香ばしさが特徴的で、噛み締めるほどに深い味わいがあります。ソフトタイプは日本風にアレンジされたもので、クラストは薄く軽い食感です。

バゲット

クラストの厚み ★★★
香ばしさ ★★★
酸味 ★☆☆

ミニバゲット

クラストの厚み ★★★
香ばしさ ★★★
酸味 ★☆☆

ソフトフランスパン

クラストの厚み ★☆☆
香ばしさ ★★☆
酸味 ★☆☆

軽やかな歯切れ
チャバッタ

イタリア発祥のリーンなパンでクラストは歯切れがよく、クラムは適度に水分を含んでもっちりし、大きな気泡があります。オリーブ油が入り、バゲットより軽く食べやすいのも特徴。欧米ではサンドイッチ用のパンとして親しまれています。

クラストの厚み ★☆☆
香ばしさ ★★☆
酸味 ★☆☆

ザックリもっちり
イングリッシュマフィン

丸い小型の型に入れて焼き上げられたイギリス発祥のパン。半焼成の生地でもっちりと水分が多く、そのままでは重い食感で香りも控えめです。上下半分に切ってトーストすることでザクッと香ばしい食感になり、味わいが完成します。

クラストの厚み ★☆☆
香ばしさ ★★★
酸味 ★☆☆

豊かな風味
田舎パン

パン・ド・カンパーニュとはフランス語で田舎パンのこと。大きな丸型やなまこ型など形状も味わいも作り手によって異なります。小麦粉だけのプレーンなものから、全粒粉、ライ麦入りまで様々なタイプがあります。ずっしりと重めのパン・オ・ルヴァンは薄くスライスして。軽やかなタイプなら、厚めでも軽い食感が楽しめます。シリアルやドライフルーツ、ナッツなど副食材を混ぜ込んだものなど、バリエーションも豊富です。

パン・オ・ルヴァン

クラストの厚み ★★★
香ばしさ ★★★
酸味 ★★★

パン・ド・カンパーニュ

クラストの厚み ★★☆
香ばしさ ★★☆
酸味 ★★☆

シリアル入り田舎パン

クラストの厚み ★★☆
香ばしさ ★★☆
酸味 ★★☆

くるみとレーズン入り田舎パン

クラストの厚み ★★☆
香ばしさ ★★☆
酸味 ★★☆

トーストの **加熱道具**

スライスした食パンを何で"焼く"か？　調理器具の選び方、使い方でトーストの仕上がりが変わります。
食パンの厚さ、組み合わせる食材、目指す焼き加減に合わせて選ぶのが基本ですが、手持ちの調理器具を活かす方向からトーストメニューを組み立てるのもよいでしょう。

ポップアップ型トースター

その名の通り焼き上がった食パンが飛び出す、トースト専用の調理器具。縦置きの箱形で、家庭用では2枚同時に焼けるものが一般的です。食パンが熱源に平行にはさまれた状態で調理するので焼き上がりが早く、パンの水分量を逃がしにくいのが特徴です。バターやスプレッド類を塗ったり、チーズをのせたりして焼くことはできず、プレーントーストに特化しています。また、食パンを入れる溝の幅が決まっているため、厚切りパンは入らないものもあります。

オーブントースター

オーブンに比べると小ぶりな箱形で、シンプルな構造の加熱器具。ポップアップトースターがトースト専用器であるのに対して、オーブン型なのでトースト以外の様々な加熱調理が可能です。食パンを横に置いて焼くため、スプレッドを塗ったり具をのせたり様々なアレンジもできます。近年は火力が強く、サーモスタットなどで自動調節する高機能タイプが増えています。おいしく焼けるだけではなく、焦げを防げるのが魅力です。本書では、高機能タイプのオーブントースターをメインで使用しています。

焼き網

食材を炭火で焼く時の理想の状態である"遠火の強火"。焼き網を使えばこの理想的な状態が作り出せます。食パンの中の水分が蒸発せずに表面はパリッと、中はしっとりと焼き上がります。まずは焼き網だけを直火にかけ強火で30秒程度熱してから食パンをのせます。火加減を調節しつつ、パンの向きを変えたり上下を返して仕上がりの調節をします。直火だからこその程よい焦げがあると、焼き網ならではの香りが一層楽しめます。

フライパン

専用の調理器具を使わずとも、フライパンがあればトーストは作れます。熱したフライパンに食パンをのせて、好みの加減に片面ずつ焼きます。食パンの表面がフライパンの表面にしっかり当たるように、ターナーで軽く押さえると均一に焼けます。フライパンで焼くと水分が飛びにくく、プレーントーストはどっしりした焼き上がりです。フライパンで作りたいのはバタートースト（p.62,64）です。溶けたバターが食パンにしみ込み、表面全体がカリッと香ばしく焼き上がります。

ホットサンドメーカー

食パン2枚に具をはさんで両面を焼き上げたホットサンド（p.173）はトーストアレンジのひとつです。クラシックなバウルー（写真右上）は表面がフラットで全体が均一に焼け、耳の部分は圧着されます。

本書で使用したホットサンドメーカー（写真右下）はパンの耳の内側をプレスし、耳は立った状態でカリッと焼けるのが特徴です。ガスもしくはIH調理器を使う点はフライパンと一緒ですが、プレスした状態で両面から焼けるので表面はカリッと中はどっしりと焼き上がります。

番外編

せいろ

竹や木などで作られた蒸し器の一種で、湯を沸かした鍋にのせて使います。焼いてはいないのでトーストではありませんが、食パンを温め直しておいしく味わう点はトーストと同じです。せいろは水に浸けて水分を含ませてから使います。クッキングシートを敷いて食パンをそのまま入れ、強火で1分ほど加熱すればふんわりもちもち食感に。乾燥した食パンはみずみずしく蘇り、冷凍パンも1〜2分で復活します。

おいしいトーストを組み立てる

コクと甘みと塩味のこと

トーストの基本になるプレーンな食パンは、生地そのものを味わう素朴なパンです。白米のような存在で、副食材となる何かを塗ることで味わいが完成します。食パンをスライスして焼いてパンそのもののポテンシャルを引き出してから、パンに塗るもの（スプレッド）で味を重ねてメニューとして完成させます。トーストには3つの味わいの柱があり、このバランスがおいしさを作ります。それぞれの特性を理解することで、目指す味わいを組み立てることができます。

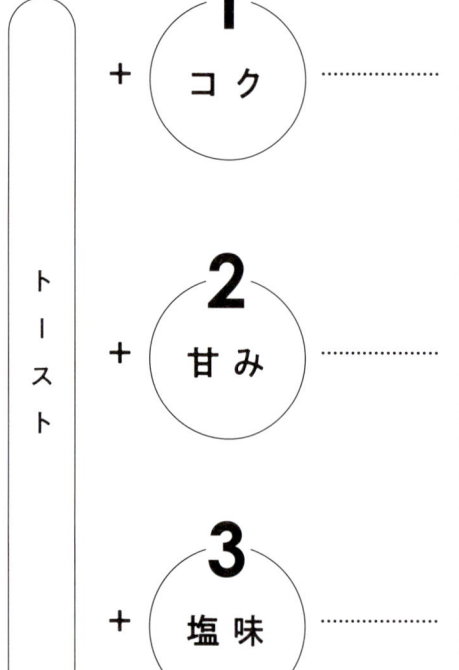

トースト + **1** コク ……………

油脂のコクと香りはプレーンな食パンの風味を補い、味わいにボリューム感を出します。本来、コクとは複合的な味わいを指しますが、本書ではパンに合う油脂類をコク素材として考え、バターを基本に組み立てます。

●バター、マーガリン、ラードなどの固形脂肪、オリーブ油、ごま油などの液体油、ピーナッツバターなどのナッツ系スプレッド

+ **2** 甘み ……………
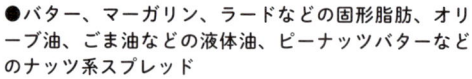

トーストにバターを合わせるだけでも十分おいしいですが、甘みを足すことで味に奥行きが出ます。朝食のトーストの定番はバターにジャムを合わせたもの。脂肪のコクと果実の組み合わせはパンに直球のおいしさを添えます。

●はちみつ、砂糖などの甘味料、ジャム、チョコレートスプレッドなど

+ **3** 塩味 ……………

油脂単体では重く感じますが、塩味を足すと旨みが引き立ちます。パンに無塩バターを合わせてもおいしく感じるのは、パン自体に塩味があるから。炭水化物×脂肪という脳を刺激するような組み合わせも、無塩パンに無塩バターでは喉を通りません。塩味がおいしさに欠かせないことがわかります。

●塩、各種チーズなど

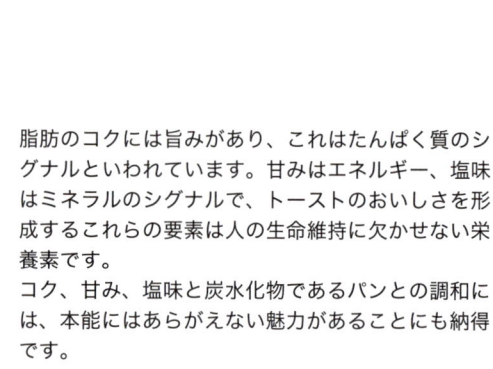

脂肪のコクには旨みがあり、これはたんぱく質のシグナルといわれています。甘みはエネルギー、塩味はミネラルのシグナルで、トーストのおいしさを形成するこれらの要素は人の生命維持に欠かせない栄養素です。
コク、甘み、塩味と炭水化物であるパンとの調和には、本能にはあらがえない魅力があることにも納得です。

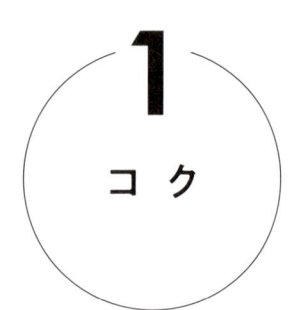

1 コク

おいしいトーストを組み立てる

バター の合わせ方

トーストに合わせるスプレッドの基本は「バター」です。そして、バターの合わせ方が「トースト」の味わいを左右します。バターは常温に戻すのか、冷たいまま使うのか、塗るのか、切ってのせるのか、食パンと一緒に焼いてしみ込ませるのか、焼いてからのせて余熱でじんわりと溶かすのか。実際に食べ比べてみることで、味のバランスの違いを実感できます。

塗ってから焼く

a スライスした食パンに、常温に戻したバターを塗ってから焼きます。バターが溶けながらパンにしみ込みます。高温になったバターでパンの表面をカリッと香ばしく、香りよく焼き上がります。バターの量や焼き加減により、仕上がりが変わります。しみ込んだバターの味わいがストレートに感じられます。

バターナイフの選び方

木製のバターナイフはバターがなじむことで、使い込むうちに木の色合いがしっとりとつややかに変化します。バターナイフで冷たいバターを切ることがあるのなら、薄い金属製が向きます。特殊な形状や様々な素材のバターナイフ(p.48,49)があるので、用途に合わせて使い分けてもよいでしょう。

焼いてから塗る・のせる

b **常温のバターを塗る**
トーストした食パンに常温に戻したバターを塗ると、食パンの熱でバターがじんわりと溶けながらパンにしみ込みます。あらかじめ表面はパリッと焼かれているので、表面の香ばしさが保たれたまま、パンがしんなりすることはありません。バターを溶かしたくない場合は、食パンの粗熱を取ってから塗ります。

c **冷たいバターをのせる**
トーストした食パンに、冷たいバターをそのままのせると、バターはゆるやかに溶けるのでパンにしみ込んだジュワッと感と固形バターの味わいのコントラストが楽しめます。厚みのあるバターをのせる場合はコントラストがはっきりしますが、薄切りバターをふんわりのせた場合は、バターがやわらかくなるまでの時間が短く食パンになじみやすく、印象が変わります。

a 塗ってから焼く

b 焼いてから塗る

c 焼いてからのせる

1 コク

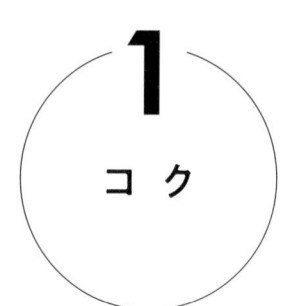

おいしいトーストを組み立てる

バター の種類

乳等省令でバターとは「生乳、牛乳または特別牛乳から得られた脂肪粒を練圧したもの」で、成分は乳脂肪分80.0%以上、水分17.0%以下と定められています。製法の違いにより「発酵バター」と「甘性（非発酵）バター」に、また食塩添加の有無で「加塩（有塩）バター」と「食塩不使用（無塩）バター」に分けられます。牛の乳から作られるナチュラルな食品で、トーストに合わせるスプレッドの代表格です。

無塩バター

製造の過程で食塩を加えていないバターですが、原料の生乳に微量の塩分が含まれることから商品には「食塩不使用」と記載されます。本書ではわかりやすくするため、無塩バターと表記します。
製パン、製菓、料理の基本食材で、トーストのスプレッドとしても乳本来の風味を最大限活かせます。食塩を加えていないため賞味期限は短く設定されています。冷凍保存もできるので、使い切れない場合は小分けして冷凍するのがおすすめです。

+

ジャム

まろやかな無塩バターは凝縮した果実の味わいを邪魔しません。甘みと酸味のコントラストをミルキーなコクで調和させます。

チーズ

生乳由来の食材なので相性のよさは抜群です。チーズのコクを底上げしたり、個性的なチーズの味わいを穏やかにまとめたりします。

ハム

バターとハムはサンドイッチの定番の組み合わせ。無塩バターなら、ハムの塩味を引き立てながら動物性の食材同士のコクの相乗効果が実感できます。

有塩バター

製造の過程で食塩を加えたバターで、加塩バターともいいます。塩分により保存性が高められ、無塩バターよりも賞味期限は長めです。塩分濃度は1〜2%が一般的で、コクと塩味を同時に付けられます。完成された味わいがあるのでバターのみのシンプルなトーストにすると、バターの個性が引き立ちます。味の強いパンや塩分高めの食材と合わせる場合は、塩分の総量に注意しましょう。家庭用商品では減塩タイプも出てきています。通常はバターの中に塩が溶け込んでいますが、フランス産有塩バターには粒子の大きい塩（フルール・ド・セル）がそのまま混ぜ込まれたものもあります。

+

はちみつ

天然の甘味料であるはちみつとの組み合わせは素材の力を堪能できます。バターの塩味がはちみつの甘みを引き立て飽きのこない味わいです。

ジャム

フルーツの凝縮した甘みと酸味のコントラストに、バターの塩味が合わさることで広がりがある味わいに。パン、ジャム、バター、それぞれの味の輪郭がクリアになります。

野菜

有塩バターの塩味とコクは野菜の調味料になります。切っただけの生野菜とトーストにのせたり、野菜の加熱調理に使ったり、パンと野菜をつなげる名脇役として活用できます。

無塩バター

有塩バター

発酵バターとは？

日本で製造されているバターは甘性（非発酵）バターが主流です。乳酸発酵させてないクリームで作るため、バターらしい豊かな風味とコクがありながらもマイルドな味わいです。

それに対して、ヨーロッパではほとんどが発酵バター。原料となるクリームを乳酸菌で発酵させてから作ることで特有の味や香りが生まれます。非発酵バターと比べると、香りが強くふくよかな味わい。発酵バターらしい余韻の長さも感じられます。

現在では乳酸菌を加えて乳酸発酵させますが、もともとは牛乳からクリームを分離するまでに自然に乳酸発酵が進むことから生まれたものです。ヨーロッパでは古くからバターが作られており、それが発酵バターであったためその伝統が受け継がれ、現在でも発酵バターが主流になっています。発酵風味が強い分、味の違いもはっきりします。無塩でもバターの個性がわかりやすく、有塩は特有の風味がより強く感じられます。

日本では乳製品の関税率が高いためフランス産発酵バターは高級品ですが、パンのタイプ、組み合わせる食材とのバランスを考えて使い分けてみましょう。

1 コク

おいしいトーストを組み立てる
合わせバター

バターに様々な食材を合わせたものをブール・コンポゼ（beurre composé）といい、フランスでは肉料理や魚料理に添えたり、ソースの仕上げに用いたり、カナッペなどに使います。常温に戻したバターにパンと相性のよい食材を合わせると、トーストを格上げする特別なスプレッドが作れます。日持ちはしないので少量ずつ作るか、小分けして冷凍しましょう。

トリュフバター

このバターとパンさえあればワインが進む、大人の贅沢合わせバター。フランス産の発酵バターを使うのがおすすめです。トリュフの力強い香りとバターの風味が調和します。

材料（作りやすい分量）と作り方

有塩発酵バター …… 50g
黒トリュフのオイル漬け
（オイルを切りみじん切り）
…… 7g
全ての材料を合わせ、よく混ぜる。

レモンバター

レモンの皮とレモン果汁を混ぜ込んだレモンバターは、さわやかな芳香と酸味が印象的。コクがあるのに軽やかな味わいです。トーストに合わせると、こんがり焼けたパンの香ばしさとレモンの清涼感のコントラストが楽しめます。野菜や魚介類との相性もよく、アレンジトーストの他、料理用のバターとしても活用できます。(p.27参照)

ロックフォールバター

青カビチーズの王様といわれる「ロックフォール」はバターと合わせることでマイルドで食べやすくなります。ポルト酒で風味よく仕上げます。

材料（作りやすい分量）と作り方

無塩バター …… 70g
ロックフォール …… 30g
ポルト酒（またはマデラ酒） …… 小さじ1
全ての材料を合わせ、よく混ぜる。

くるみバター

バターとナッツの合わせバターは、乳脂肪と植物性脂肪の合わせ技でバランスのよい味わいです。くるみの個性を活かしながらもマイルドに仕上がります。

材料（作りやすい分量）と作り方

無塩バター …… 50g
くるみ（粗みじん切り） …… 50g
はちみつ …… 10g
塩 …… ひとつまみ
全ての材料を合わせ、よく混ぜる。

エスカルゴバター

にんにくとパセリの風味が特徴的なエスカルゴ用のバターはパン用バターとしても秀逸。たっぷり塗って焼けばこれだけでおつまみトーストの完成です。

材料（作りやすい分量）と作り方

有塩バター …… 80g
エシャロット（みじん切り） …… 10g
イタリアンパセリ（みじん切り） …… 5g
にんにく（みじん切り） …… 3g
塩、白こしょう …… 各少々
全ての材料を合わせ、よく混ぜる。

甘栗バター

甘栗は半量を粗く刻み、残りはバターと一緒にフードプロセッサーにかけてしまうのがおすすめ。ほっくりしたやさしい甘みで、きのこやレバーによく合います。

材料（作りやすい分量）と作り方

無塩バター …… 50g
甘栗（粗みじん切り） …… 50g
塩 …… ひとつまみ
全ての材料を合わせ、よく混ぜる。

レモンバターの作り方

レモンは皮ごと使うので、ワックス、防カビ剤など不使用の国産品を選びましょう。材料を混ぜ合わせてから味見をした時に、酸味だけが強く感じられる場合は塩味が足りていません。有塩バターをベースにしていますが、最後に塩を加えて調節しましょう。

※無塩バターを使用し、塩を加えて味を調整してもよいです。

材料(作りやすい分量)
有塩バター …… 80g
レモンの皮
…… 1/2個分
レモン果汁 …… 小さじ1
塩 …… 少々

1 レモンはよく洗い水気を取ってから、果汁を絞る。

2 果汁を茶こしでこして計量する。

3 常温に戻した有塩バターをボウルに入れる。レモンの皮をゼスターグレーター(おろし器)ですりおろして加える。

4 3に2を加えて全体をよく混ぜ合わせる。塩を加えて味を調える。

バターの代替油脂

フランス語で合わせバターを指すブール・コンポゼ(beurre composé)は、英語ではコンパウンド・バター(compound butter)です。業務用食材でコンパウンドというとコンパウンド・マーガリンが想起されますが、これはバターやクリーム、乳脂肪(動物性油脂)を配合したマーガリン(植物性油脂)です。バターの味わいを活かしながら、作業性のよさやコストパフォーマンスを重視しています。バターの比率が少ないのでマーガリンになりますが、これも合わせバターの一種といえます。他にもバターの代替となる油脂には多くの種類があります。乳製品を主原料にした「乳等を主原料とする食品」はバターに近いものがある一方で、乳製品を一切含まないプラントベースのヴィーガンバターにもたくさんの種類があります。ヴィーガンバターはココナッツ、アーモンド、カシューナッツ、豆乳などの植物性原料から作られており、製品ごとに味わいも様々です。

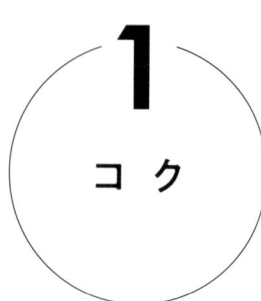

1 コク

おいしいトーストを組み立てる
バター以外の 油脂

トーストに添えるもっとも基本的な油脂であるバター以外にも、パンに合う油脂は色々あります。油脂とは動植物由来の油のことで、常温で固体のものは「脂肪」、液体のものは「油」に分類されます。ラード、牛脂などの固形脂肪とオリーブ油、ごま油などの液体油に分けられ、それぞれに動物性と植物性のものがあります。糖質、たんぱく質と並ぶ三大エネルギー源のひとつで、健康面から油脂を分類すると「脂肪酸」の種類がポイントになります。日々の食生活で足りない脂肪酸を補うためにトーストに合わせるのもよいでしょう。ここでは、パンに合う油脂の割合が多い食材も含めて油脂に準ずる食材として取り上げます。

ラード
ラードとは豚の背脂のこと。こってりとした独特の風味と食欲をそそる香りがあります。ラードで揚げた専門店のとんかつは、衣がさっくり、豚の旨みが増した濃厚な味わいです。パンに塗って焼くとさっくり香ばしく、コクが増します。本書では精製した「純製ラード」を使用します。

ごま油
ごまの種子を圧搾して作られるもので、生搾りの太白ごま油と高温で焙煎してから圧搾した焙煎ごま油があります。太白はさらりとしてクセがない一方、焙煎したものは色が濃く、特有の香ばしさとコクがあります。トーストのアクセントには、焙煎ごま油が向いています。

オリーブ油
オリーブの実から採れる油で、地中海沿岸地域で有史以前から生産され、地中海料理には欠かせません。エクストラバージン(E.V.)は、オリーブ果実の一番搾りなので果実の風味がダイレクトに感じられます。悪玉コレステロールを減らすといわれるオレイン酸(オメガ9)が多く含まれます。

マヨネーズ
卵のコクと酢の酸味が調和したマヨネーズは、材料の約7割が油です。手作りするとよくわかりますが、油が少ないとぽってり濃厚な物性にはなりません。サンドイッチやサラダに欠かせない定番調味料で、パンとの相性も抜群です。トーストには塗るだけでなく焼くこともできます。

ココナッツオイル
ココヤシの実の胚乳を圧搾したもので、ココナッツらしい甘い香りが特徴です。20℃以下で固まるので、バターのようにパンに塗ることもできます。消化吸収が早くエネルギーになりやすい中鎖脂肪酸(MCT)が多く含まれ、健康効果の高さからも人気です。

ピーナッツバター
アメリカで作られるものは成分の90%以上がピーナッツ。炒った乾燥ピーナッツを粉砕し、ペースト状にすりつぶして作ります。パン用スプレッドの定番で、サンドイッチにも欠かせません。中国の花生醤はピーナッツ100%で和え物などの料理にも使われます。

アマニ油
アマ(亜麻)の花の種子(仁)から採れる油で、体内では作ることのできないn-3系脂肪酸(オメガ3)が豊富に含まれます。特有の香りやほのかな苦みがあり、食材と和えたり、仕上げのアクセントに使うと効果的です。熱を加えるとクセが増すので加熱調理には向きません。

生クリーム
生乳、牛乳または特別牛乳から乳脂肪分以外の成分を除去し、乳脂肪分を18.0%以上にしたもので、本書では乳脂肪分40%の生クリームを使用します。クリームを撹拌し乳脂肪分を分離させたバターに比べると乳脂肪分は半分です。ふんわり泡立てると、乳脂肪のおいしさを軽やかに楽しめます。

マカダミアナッツオイル
血中中性脂肪を下げる働きのあるn-7系脂肪酸(オメガ7)が豊富に含まれ、酸化に強いナッツオイルです。クセのない上品な味わいで、ほのかなナッツの香りが楽しめます。生食だけでなく加熱調理も可能で、熱を加えるとナッツの風味が増します。

オリーブ油

ごま油

ラード

ピーナッツバター

マヨネーズ

ココナッツオイル

マカダミアナッツオイル

アマニ油

生クリーム

2 甘み

おいしいトーストを組み立てる
ジャム

フルーツの味わいを凝縮させたジャムは、トーストに欠かせない甘系スプレッドです。旬のおいしさを閉じ込めて生食とは違うおいしさを引き出し、長期間楽しむことができます。
フルーツを砂糖で煮てペクチンの作用でゲル化したもので、英語ではジャム（jam）、フランス語ではコンフィチュール（confiture）といい、この言葉は柑橘類で作るマーマレードも透明なジュレも含めた総称です。

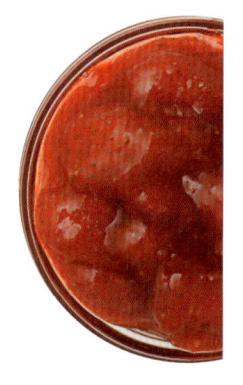

いちごジャム

様々なフルーツのジャムがある中で、日本で一番食べられているのがいちごジャムです。日本で初めて作られるようになったジャムはいちごジャムで、ヨーロッパでも古くから愛されています。果実のゴロッと感がそのままのジャムは「プレザーブスタイル」といい人気があります。いちごの場合、果実が丸ごとか、二つ割りの状態で含まれているものだけを指します。（p.31参照）

あんずジャム

あんずは旬が短く傷みやすいため、生食する機会は限られています。しっかりとした酸味と独特の芳香は、ジャムやコンポートにすることでより際立ち、加工に向いています。あんずジャムを裏ごしたものはお菓子作りのナパージュとしても使われる他、チーズとの相性もよく、料理のソースとしても活用できます。鮮やかな色合いが美しく、トーストに彩りを添えます。（p.32参照）

ブルーベリージャム

ベリーのジャムの中では、いちごの次に人気です。フレッシュなブルーベリーの他、冷凍品も手に入りやすく、気軽に作れます。

材料（作りやすい分量）と作り方
ブルーベリー……250g
グラニュー糖……100g
レモン果汁……15㎖
ジャム用ペクチン……3g

いちごジャム（p.31）の手順を参考に作る。

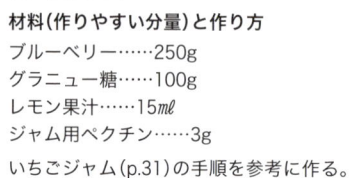

ラズベリージャム

プチプチとした種の食感が特徴的。甘酸っぱさのバランスがよく、お菓子作りにも活用できます。冷凍のラズベリーを使うと手軽です。

材料（作りやすい分量）と作り方
ラズベリー（冷凍）……250g
グラニュー糖……100g
レモン果汁……10㎖
ジャム用ペクチン……3g

いちごジャム（p.31）の手順を参考に作る。

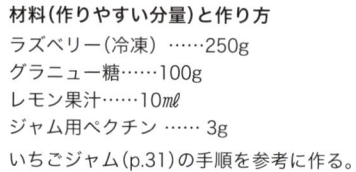

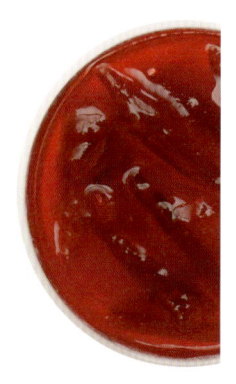

プラムジャム

甘みと酸味のバランスのよさと真っ赤な果肉が印象的なソルダムは、ジャムにしても鮮やかな色と味わいが活きています。ソルダム以外のプラムでも、同様に作ることができます。

材料（作りやすい分量）と作り方
プラム（ソルダム）……250g
グラニュー糖……100g

あんずジャム（p.32）の手順を参考に作る。

オレンジマーマレード

マーマレード（英：marmalade）は柑橘類のジャムのことで、ポルトガル語のマルメラーダ（marmelada）「マルメロのジャム」に由来します。次第に様々なフルーツを用いたものを指すようになり、その後、柑橘類のジャムだけを指すようになりました。もっとも一般的なのはオレンジマーマレードで、柑橘ならではの清涼感や酸味、皮の苦みが特徴的です。本書では市販品を使用しました。

いちごジャムの作り方

いちごはヘタを取るだけでそのまま加工できるので、ジャムの中でも作りやすく、気軽に楽しむことができます。小粒のいちごなら丸ごと、もしくは半分に切るだけで程よい粒感が出せます。また、生食でおいしい糖度の高いものよりも、酸味の強いもので作るのがおすすめです。心地よい酸味がいちごの風味を引き立てます。

※ベリー系は食材に含まれるペクチンが少なめ、果実と砂糖だけではさらりとした仕上がりです。ペクチンを加えることで、程よいとろみを付けることができます。
※ペクチンはそのまま加えるとダマになるので、あらかじめグラニュー糖と混ぜ合わせてから加えましょう。

材料(作りやすい分量)
いちご …… 250g
グラニュー糖 …… 100g
レモン果汁 …… 15㎖
ジャム用ペクチン …… 3g

2 グラニュー糖が溶けてなじみ、果汁に浸かった状態になったら中火にかけて煮る。沸騰してあくが出てきたら、レードルで丁寧にすくい取る。

4 レモン果汁を加え、全体がとろりとツヤが出てくるまで煮る。

1 いちごはヘタを取り、一口大に切る。鍋に入れ、グラニュー糖の2/3量を加えて混ぜ合わせる。いちごから水分が出て、グラニュー糖が溶けるまで2時間ほど置く。

3 残りのグラニュー糖にペクチンを混ぜ合わせ、鍋に振り入れてさらに煮る。

5 煮沸消毒した清潔な保存瓶に入れる。瓶口の5㎜下くらいまでを目安にする。ジャムロートがあると瓶口が汚れにくく便利。

瓶の煮沸消毒方法

清潔な瓶を用意する。鍋にたっぷりと湯を沸かし、ふたを外した状態の本体とふたを入れ強火で5分ほど煮る。トングを使い、しっかりと水気を切ってからペーパータオルを敷いたバットに逆さに取って乾かす。

あんずジャムの作り方

あんずは加熱すると酸味が際立つので、レモン果汁を入れなくてもバランスのよい味わいに仕上げることができます。また、皮ごと煮込むことで、皮に豊富に含まれるペクチンにより適度なとろみが付きます。パン以外にも、スイーツ、料理に広く活用できるので、毎年欠かさず作りたいジャムのひとつです。

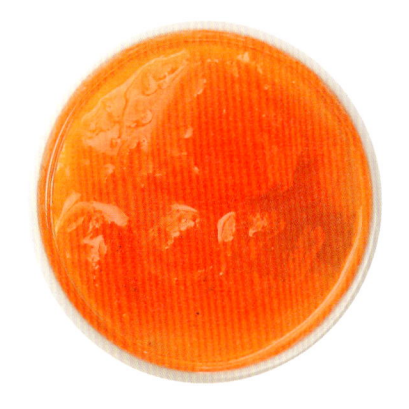

材料（作りやすい分量）
あんず（正味）……1kg
グラニュー糖
…… 400g（あんずの重量の40%）
あんずの種 …… 適量

3 あんずから水分が出て、グラニュー糖が溶けるまで2時間ほど置く。あんずが熟していない場合は時間がかかるので、ラップをして冷蔵庫に一晩置く。

6 あくが出てきたらレードルで丁寧にすくい取りながら5分ほど煮る。湯を沸かした小鍋にレードルをくぐらせると、レードルに付いたあくが再度鍋に戻るのを防げる。

1 あんずは縦に半分に切り、種を取る。実はさらに4等分に切り計量する。

4 香りを高めたい時は、あんずの種を一緒に煮る。お茶パックに入れると、後で取り出しやすい。かたい殻を割り、杏仁だけを取り出して使ってもよい。

7 さらに5分ほど煮てあくが出てこなくなり、全体にとろりとしてツヤが出てきたら火を止める（冷水に落とすと、ぽってりと固まる程度が目安）。

2 あんずとグラニュー糖をボウルに入れて全体を混ぜ合わせる。

5 3と4を鍋に移し、中火にかけて煮る。あらかじめグラニュー糖となじませておくことで、水分に浸かった状態になり、加熱しやすい。沸騰するまで、耐熱ヘラで鍋肌をこそげながらたまに混ぜる。

8 煮沸消毒した清潔な保存瓶に入れる。瓶口の5mm下くらいまでを目安にする。ジャムロートがあると瓶口が汚れにくく便利。

いちごジャム ＋ バター

材料(作りやすい分量)と作り方
いちごジャム(p.31参照) …… 70g
無塩バター …… 70g
塩 …… ひとつまみ
無塩バター：いちごジャム＝1：1の割合
で混ぜ合わせ、塩で味を引き締める。

◎ジャムとバター、トーストに欠かせない二大スプレッドを組み合わせたフルーツバター。王道のいちごバターは、いちごの香りとバターがマッチした間違いのないおいしさです。

いちごジャムバター

ブルーベリージャム ＋ バター

材料(作りやすい分量)と作り方
ブルーベリージャム(p.30参照) …… 70g
無塩バター …… 70g
塩 …… ひとつまみ
無塩バター：ブルーベリージャム＝1：1の
割合で混ぜ合わせ、塩で味を引き締める。

◎いちごと並んで人気の高いブルーベリージャムもフルーツバターに向きます。無塩バターでマイルドな味わいに。ひとつまみの塩が全体のバランスを引き締めます。

ブルーベリージャムバター

オレンジマーマレード ＋ クリームチーズ

材料(作りやすい分量)と作り方
オレンジマーマレード …… 50g
クリームチーズ …… 75g
サワークリーム …… 25g
オレンジマーマレード：クリームチーズ：
サワークリーム＝2：3:1の割合で混ぜ合わせる。

◎クリームチーズとジャムの組み合わせは、レアチーズのような味わいです。サワークリームを加えることで心地よい酸味がプラスされ軽やかな味わいに。マーマレードはざっくりとラフに合わせましょう。混ぜ切らないほうが、クリームチーズとマーマレードのそれぞれの味わいを感じられます。

オレンジクリームチーズ

あんずジャム ＋ 白あん

材料(作りやすい分量)と作り方
あんずジャム(p.32参照) …… 50g
白あん ……100g
あんずジャム：白あん＝1：2の割合で混ぜ合わせる。

◎あんずは和菓子にも使われることが多く、白あんによく合います。トーストとの相性がよく、懐かしくも新鮮な味わいです。あんずの他、いちじくやマーマレードを合わせてもよいでしょう。

あんずあん

2
甘み

おいしいトーストを組み立てる
はちみつ・砂糖・その他の甘味料

バタートーストに味わいをひとつだけ足すのなら、甘みから足しましょう。天然甘味料であるはちみつをひとさじかけることで味に奥行きが出て、メニューとしての完成度が高まります。フランスの朝の定番タルティーヌはバターとジャムが必須です。イタリアの朝食も基本は甘いパン。朝からおやつのようなパンなんて、と思うかもしれませんが、世界のパンの朝食は甘みを添えることが多いのです。

はちみつ

はちみつとはミツバチが集めた花の蜜を巣の中で加工、貯蔵して80%まで糖度を高めたものです。その糖分の多くは単糖類であるブドウ糖と果糖。砂糖などの二糖類に比べ吸収が早く、すぐにエネルギー源になるので朝食には最適。1種類の花から集められたものは単花蜜、様々な花の蜜が合わさっているものは百花蜜と呼ばれます。

百花蜜
「はちみつ」とだけ表記された一般的なタイプは基本的に百花蜜。輸入もののブレンドタイプはクセがないマイルドな味わいで、日常的に使いやすい価格帯も魅力。とろりと濃厚で、トーストにかけやすい質感。気温が下がって結晶化した場合は、容器ごと湯煎するとよい。

白い百花蜜
採蜜地、採蜜時季を限定した百花蜜は、養蜂家のこだわりを感じる個性がある。本書で使用したのはキルギス産の百花蜜。高原の野生ハーブが蜜源で、清涼感がありながらもまろやかな味わい。低温で結晶化するはちみつの性質を利用してクリーム状に結晶化させたタイプでパンに塗りやすい。

アカシア
さらりとクリアで、上品な味わい。すっきりとした甘みで後味がよく、単花蜜の中では特に人気が高い。クセがなく、どんな食材とも合わせやすい。はちみつはブドウ糖が多いと結晶化しやすい。アカシアのはちみつは果糖が多いため、結晶化しにくいのが特徴。

ラベンダー
夏に花を咲かせるラベンダーの単花蜜。本書ではフランス・プロヴァンス産を使用。やさしく上品な甘みでハーブらしい清涼感のある余韻。桜餅のような特有の芳香で、シェーブル（山羊乳）チーズとの組み合わせは特におすすめ。クリーミーな質感でパンに塗りやすい。

栗
栗の花から採れる茶褐色の単花蜜は、ほろ苦いビターな甘みが特徴的。栗の花由来の特有の香りが強く、個性的な味わいなので用途を選ぶ。ローストしたナッツとは相性がよく、香ばしさとほろ苦さが相乗した大人のスイーツとして楽しめる。本書ではイタリア産を使用。

コムハニー
ミツバチの巣を丸ごと切り出したもので巣蜜ともいう。蜜蝋で作られた巣の中に濃縮されたはちみつがそのまま詰まっており、自然の甘みを堪能できる。噛み締めると蜜蝋が口に残るが、パンにのせてトーストすると溶けて食べやすくなる。

サトウキビやてん菜から作られる糖質系甘味料で、製造方法により「含蜜糖」と「分蜜糖（精製糖）」に分けられます。「含蜜糖」は原料から抽出した糖汁を煮詰めて作られるため、ミネラル分が除去されず豊富に含まれます。一方、「分蜜糖」はミネラルなどを含む糖蜜を結晶と分離して、結晶であるショ糖だけを精製したものです。

グラニュー糖

高純度の糖液から作られた分蜜糖で、結晶が大きく、サラサラとしすっきりクリアな甘みが特徴。素材の風味を活かしたいジャムや洋菓子に最適。海外では砂糖といえばグラニュー糖を指し、世界中で広く使われている。バタートーストに合わせるとジャリジャリした食感とストレートな甘みが楽しめる。

純粉糖（粉砂糖）

グラニュー糖をきめ細かく粉砕したもの。スイーツの仕上げにふりかけて用いることも多いが、一番の特徴は溶けやすさ。素早く均一に溶けるのでアイシング作りには欠かせない。バタートーストにたっぷりかけると、ふんわりした舌触りの後の口溶けが抜群によい。

きび砂糖

サトウキビから糖分を取り出して結晶化させた原料糖で作る含蜜糖。薄茶色で粒子は細かくサラサラしている。適度にミネラル成分が含まれており、まろやかな甘みの中にほのかなコクが感じられる。グラニュー糖と比べると控えめな甘さだが、トーストの香ばしさと相性がよく余韻が長い。

カソナード

サトウキビから作られるフランス生まれの含蜜糖。結晶が大きく茶褐色。原料はきび砂糖と同じだが、カソナードの方が精製度が低く、原料由来の強い風味が味わえる。はちみつやバニラのような独特の香りと味わい、深い甘さが特徴。熱を加えると均一に溶けるので、キャラメリゼしやすい。

メープルシロップ

サトウカエデの樹液を濃縮した天然の甘味料で、カナダが世界最大の生産地。糖度66%まで煮詰めている。はちみつよりは糖度が低く、さらりとしている。カナダ産メープルシロップにはグレードがあり、風味の強度が4つに分類される。固形化するまで濃縮させたメープルシュガーもある。

アガベシロップ

テキーラの原料でもあるリュウゼツラン科アガベ種の多肉植物から作られる甘味料で、メキシコが主な産地。香りはなく、クセのない甘みで素材の味を邪魔しない。はちみつと比べるとさらりとした液状だが、砂糖より甘みが強い。少量でもしっかりした甘みが感じられ、一般的に甘味料と比べてGI値が低い。

黒蜜

黒糖を水で溶かして煮詰め、不純物を取ったもので、特有の強い香りとコクがある。黒糖とは、沖縄や鹿児島の離島で作られてきた含蜜糖でミネラルを多く含む。黒糖のみで作る黒蜜は、黒褐色でほのかな苦みが感じられる複雑な味わい。ワイルドな甘みに特徴がある。

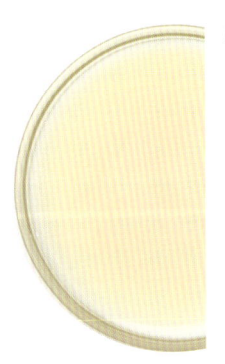

練乳（加糖練乳）

牛乳に砂糖を加えて濃縮させたもので、日本では練乳というと加糖練乳を指すことが多い。コンデンスミルクともいう。乳の甘みと砂糖の甘みの相乗効果で、濃厚なコクがあり余韻が長い。どろりとしておりパンに塗りやすい。無糖練乳はエバミルク。

2
甘み

おいしいトーストを組み立てる

スイーツ系スプレッド

カスタードクリームやショコラペーストなどの洋菓子系、あんこを代表とする和菓子系など、
ジャム以外の甘系スプレッドにはトーストをスイーツに変える力があります。
朝食のイメージが強いトーストだからこそ、パンのセレクト、切り方、焼き加減、組み合わ
せ方のひとつひとつを吟味しましょう。バランスにこだわって組み立てることで、わざわざ
食べたい特別なスイーツ系トーストが作れます。

カスタードクリーム

フランス語ではクレーム・パティ
シエール(crème pâtissière)。直
訳すると"菓子職人のクリーム"で、
菓子作りには欠かせないクリーム。
甘みのあるパン生地にたっぷりの
カスタードクリームを包み込んだ
クリームパンは、日本生まれ。ク
リームパンの人気からわかるよう
に、パンとの相性がよい。(p.39
参照)

レモンカード

柑橘類で作るフルーツカード
(fruit curd)のひとつで、果汁と卵、
砂糖、バターを加熱してクリーム
状にしたスプレッド。しっかりと
した酸味と甘みのバランスがよく、
なめらかでコクのある味わい。バ
ターがたっぷり配合されているの
で、トーストにぴったり。(p.39
参照)

クレーム・シャンティイ
(crème chantilly)

生クリームに砂糖を加えて泡立て
たもので、フランスのシャンティ
イ市にあるシャンティイ城の料理
長が考案したことに由来する。生
クリームは乳脂肪分40%程度の
ものが扱いやすいが、軽やかな味
わいにしたい場合は35%程度で
もよい。(p.157参照)

マスカルポーネ
クリーム

基本のクレーム・シャンティイに
マスカルポーネを合わせたものは、
食パンと相性がよい。マスカルポ
ーネの甘み付けには、練乳やはち
みつを、使い分けるのがポイント。
コクのある甘みがマスカルポーネ
の味わいを引き立てる。本書では
いちごに合わせて、練乳を使用
(p.149参照)している。マスカル
ポーネの味わいを引き立てる。

ショコラペースト

チョコレートと生クリーム、そし
てバターを合わせたシンプルなス
プレッド。ストレートな味わいな
ので、上質なチョコレートを使い
たい。生クリームを多めに配合す
ることで、冷蔵庫から出したてで
もトーストに塗りやすい状態に仕
上がる。(p.96参照)

塩バター
キャラメルクリーム

フランス・ブルターニュ地方の名
産である有塩バターで作るキャラ
メルクリーム。まろやかな甘みと
ほろ苦さのコントラストにバター
のコクと塩味のアクセント。パン
をおいしくする素材の組み合わせ
で、味わいの要素が多く満足度が
高い。(p.37参照)

マロンクリーム

裏ごした栗とマログラッセに糖類とバニラを加えたなめらかなペースト。みずみずしさのある、トーストに塗りやすい質感で、栗の濃厚な風味が楽しめる。本書ではフランス・サバトン社のものを使用。バターやジャムとも相性がよい。

マスカルポーネ ごまクリーム

マスカルポーネとはちみつにすりごま（金）を合わせるだけ。ほんのりと甘みのあるマスカルポーネにごまの香りがマッチして、懐かしくも新鮮な味わい。香ばしさがトーストに合う。いちじく、あんずなどのフルーツやあんことの相性がよい。（p.158参照）

あんこ

小豆を甘く煮詰めて練り上げたもので、豆の皮を残したものを「粒あん」、皮を取って裏ごして作るものを「こしあん」という。甘く煮た大粒の小豆とこしあんを混ぜたものは「小倉あん」。パンとの組み合わせは日本ならでは。（p.38参照）

白あん

白いんげん豆や白小豆などから作られるあんこで、皮を取って裏ごして練り上げる。淡い色みと上品な甘みで口溶けがよい。フルーツとの相性がよく、ジャムを混ぜ合わせてもバランスがよく色みも活かせる。本書では市販品を使用。

塩バターキャラメルクリームの作り方

ゲランドの塩粒入りのバターで作ると濃厚な味わいに。一般的な有塩バターで作る場合は、フルール・ド・セル（p.43参照）を仕上げに少量加えましょう。

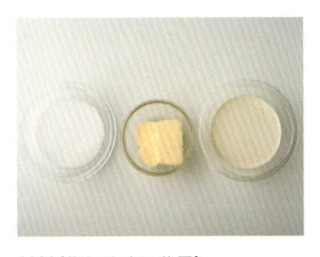

材料（作りやすい分量）

グラニュー糖 …… 100g
生クリーム（乳脂肪分40%）
…… 100㎖
有塩発酵バター（フランス産・ゲランドの塩入り）…… 50g

1 グラニュー糖を鍋底に広がる程度入れて中火にかける。溶けてきたら残りのグラニュー糖を少しずつ加えて鍋をゆすりながら溶かす。

2 茶色く色づき、焦げた香りが立ってきたら火を止め、温めた生クリームを加えてよく混ぜる。有塩バターを加えて溶かし混ぜる。

粒あんの作り方

日本の菓子パンに欠かせないあんは、手作りするとかたさや甘みを調節できるのが魅力です。小豆は前日から浸水する必要がないので、思い立ったらすぐに作れます。日持ちはしないので、保存する場合は冷凍しましょう。

材料(作りやすい分量)
小豆(乾物) …… 250g
きび砂糖 …… 250g
塩 …… 2g

1 小豆はザルに入れ、流水で洗う。鍋に入れ、たっぷりの水(1ℓ程度)を加えて中火にかける。沸騰してから15分ほどゆで、ザルにあげて水気を切る。

3 小豆がやわらかくなり、煮汁にとろみが付くまで煮る。小豆を指でつぶして抵抗なくつぶれるくらいやわらかくなったら火を止める。

5 きび砂糖を加え、木べらでかき混ぜながら、弱めの中火で煮る。煮汁がなくなるまで炊き、仕上げに塩を加える。

2 鍋をよく洗ってから1を戻し、水1ℓを加える。中火にかけ、アクをすくいながら30分ほど煮る。

4 ふたをして30分ほど蒸らす。こうすることで小豆全体に均一に火が入る。

6 冷めるとかたくなるので、少しやわらかめの状態で火を止める。

市販のスイーツ系スプレッド

ゆであずき (加糖)

トーストとあんこを手軽に楽しみたい時には市販の加糖ゆであずきがおすすめです。一般的なあんこよりも水分が多く、甘さが控えめです。喉ごしがいいのでトーストが食べやすくなります。缶詰やレトルトパックのものなどは保存性が高く、使い切りできるサイズ感も魅力です。

ヌテラ

パンに塗るチョコ系スプレッドの代名詞ともいえるイタリアのフェレロ社の製品です。イタリア発祥のヘーゼルナッツ入りチョコレートである「ジャンドゥーヤ」から派生したもので、チョコレートだけでは出せないコクがあります。ヘーゼルナッツの香ばしさとココアの風味が絶妙で、世界中で親しまれています。

カスタードクリームの作り方

卵黄のコクとバニラの香りが調和したクリームは、無塩バターを加えることで、パンにぴったりの濃厚な味わいに仕上がります。完成したカスタードクリームは、バットまたはボウルに移し、ラップを表面に直接貼り付けてから、底面を氷水に当てて急冷します。冷えるとかたまるので、使用前になめらかになるまでよく混ぜましょう。

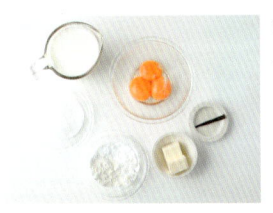

材料(作りやすい分量)
卵黄 …… 3個
牛乳 …… 300ml
グラニュー糖 …… 60g
薄力粉 …… 30g
無塩バター …… 25g
バニラビーンズ …… 1/3本

1 卵黄をボウルに入れ、グラニュー糖を加えてすぐに泡立て器で白っぽくなるまですり混ぜ、薄力粉をふるい入れて混ぜ合わせる。

2 鍋に牛乳とバニラビーンズ(縦に切り、ペティナイフで中身をこそげ出す)を入れる。沸騰直前まで温めたら1に加え、手早く混ぜ合わせてからザルでこして鍋に戻す。

3 中火にかけ、泡立て器でよく混ぜながら加熱する。沸騰してからも2～3分加熱を続け、なめらかさが増したら火を止める。無塩バターを加えて手早く溶かし混ぜる。

レモンカードの作り方

バターの量を多めにするとより濃厚な味わいに仕上がります。好みでレシピの倍量まで増やすこともできます。

材料(作りやすい分量)
レモン果汁(搾ってからこす) …… 100ml
レモンの皮 …… 1個分
卵 …… 2個
グラニュー糖 …… 100g
無塩バター …… 50g
＊耐熱ガラスボウルを使うと、湯煎での火の当たりがやわらかく、失敗が少ない。

1 レモンの皮は黄色い部分だけおろす。レモンの皮、卵、レモン果汁、グラニュー糖をボウルに入れてよく混ぜ合わせる。

2 1を湯煎で温めながら泡立て器で攪拌する。無塩バターを加えて溶かし、攪拌して乳化させる。

3 攪拌を続けながら、もったりとツヤのあるクリーム状になるまで湯煎で加熱する。仕上げに目の細かいザルでこすとなめらかに仕上がる。

おいしいトーストを組み立てる

①コク × ②甘み で楽しむトースト

（コク）有塩バター	（コク）無塩バター
×	×
（甘み）いちごジャム	（甘み）粉砂糖

（p.90,92）

（p.71,73）

バタートーストに甘みを加えると、バターのコクに深みが増し、味に奥行きが出ます。旬の果実の味わいを凝縮したジャムは、トーストに香りと酸味を添えることで、毎日食べても飽きることのない普遍的なおいしさを作り出します。砂糖のストレートな甘みは、引き算の魅力があります。

はちみつのふくよかな甘みは、ひとつまみの塩で引き締めることで一層甘みが引き出され、粒あんは塩を加えるからこそ小豆の旨みが際立ち、無塩バターと有塩バターのダブル使いでボリューム感ある味わいを作り出します。

 コク　無塩バター

×

甘み　コムハニー

 コク　無塩バター ＋ 有塩バター

×

甘み　粒あん

（p.84,86）

（p.95,97）

3
塩味

おいしいトーストを組み立てる

チーズと塩

チーズは乳のコクと程よい塩気のバランスがよく、トーストに欠かせない食材のひとつです。シンプルなトーストにチーズを合わせるだけで、食事としての満足度が増し、料理に近付きます。ナチュラルチーズには味わいや物性に個性があり、そのまま合わせるのか、加熱して溶かすのかで風味が大きく変化します。食パンに合わせやすいスライスチーズはトースト用チーズとして人気が高く、日本では個包装タイプのプロセスチーズにも様々な種類があります。また、塩そのものをトーストのアクセントに使う場合は、個性を活かして使い分けましょう。

※プロセスチーズとはナチュラルチーズを加熱溶解し、乳化させたもの。加熱により熟成が止まるため、味わいは均一で保存性が高く、品質、栄養ともに安定している。
※フレッシュタイプのチーズには塩分が少ないが、チーズとしてここにまとめる。

ソフト系ナチュラルチーズ

ブリー
カマンベールの原型となったフランスの伝統的な白カビチーズで、中はとろりとクリーミー。本書ではA.O.P.（原産地呼称統制）ではない、マイルドなタイプを使用。

カマンベール
フランス・ノルマンディー地方のカマンベール村発祥の白カビチーズで、直径約11cm、250gが基本。本書ではロングライフタイプの国産品で、100gのものを使用。

モッツァレラ
イタリア・南西部カンパーナ州発祥の白くて丸いフレッシュチーズ。クセがなくマイルドな味わいで特有の弾力がある。焼くと糸を引いてとろりと伸びる。

セル・シュール・シェール
フランス・ロワール地方で作られる、円錐台形の山羊乳製チーズ。表面に木炭の粉をまぶして熟成させるのが特徴。山羊乳特有のフレッシュな酸味とほのかな甘みがあり、はちみつとの相性がよい。

ロックフォール
フランス南部の洞窟で熟成される羊乳製のブルーチーズ。羊飼いがチーズを置き忘れて偶然できたという逸話がある。ピリッとした塩辛さと、羊乳特有の甘みとコクがある。

ブルードーヴェルニュ
フランス・オーヴェルニュ地方の牛乳製のブルーチーズ。ロックフォールを参考に作られたが、マイルドな味わいで食べやすい。ミルクのコクと青カビ特有の香りや塩味のバランスが絶妙。

スプレッド系チーズ

クリームチーズ
牛乳や生クリームを主原料として作られる非熟成チーズ。なめらかでトーストに塗りやすいクリーミーな質感。クセのないマイルドな味わいでほのかな酸味がある。

リコッタ
イタリア発祥のフレッシュチーズで、チーズ製造時に出たホエイ（乳清）を再加熱して固めたもの。低脂肪でさっぱりとした中にミルクの甘みが感じられる。

マスカルポーネ
酸味が少なくなめらかな、イタリア発祥のフレッシュチーズ。ナチュラルな甘みがあり、チーズの中ではもっとも塩分量が少なく、スイーツ系メニューに合う。

ハード・セミハード系とプロセスチーズ

パルミジャーノ・レッジャーノ
イタリアの硬質チーズ。長期間の熟成による濃厚な旨みと豊かな香り、しっかりとした塩気が特徴。パウダー状に加工されたパルメザンパウダーは気軽に使える。

ペコリーノ・ロマーノ
イタリア・ローマ生まれのハードタイプの羊乳チーズ。塩分が強く、羊乳特有の旨みが凝縮されているので、少量を仕上げに使うとよい。

チェダー
イギリス生まれのハード系チーズ。世界中で作られており、チーズの中ではもっとも生産量が多い。チェダーとは地名に由来する名称で、レッドとホワイトがある。

ラクレット
じゃがいもなどに溶かしかけるスイス料理「ラクレット」に使われるチーズ。まろやかなコクと旨み、ナッツのような芳香がある。加熱すると風味が増す。

ゴーダ
オランダを代表するチーズで、世界中で親しまれている。クリーミーでマイルドな味わいが日本人の嗜好に合う。プロセスチーズの原料にもなる。

エメンタール
スイスを代表する硬質チーズ。そのままサンドイッチやサラダ、チーズフォンデュやグラタンなどの加熱料理にも向く。"チーズアイ"と呼ばれる丸い穴が特徴。

グリュイエール
スイスの伝統的な硬質チーズ。そのままでも、加熱して溶かしても風味がよく、サンドイッチやグラタン料理に欠かせない。エメンタールとブレンドしてもよい。

シュレッドチーズ
加熱調理しやすいように細かく短冊状にしたチーズで、使用するチーズの種類や組み合わせで味わいは様々。チーズグレーターで好みのチーズをおろして使ってもよい。

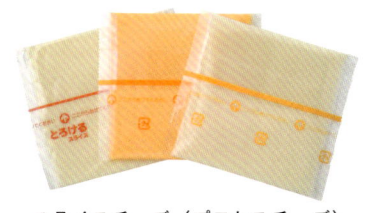

スライスチーズ（プロセスチーズ）
個包装タイプのスライスチーズは、トーストに気軽に使えて家庭用として人気が高い。とろけるタイプは加熱した際に溶けやすいが、生食には不向き。

塩

カマルグ

マルドン

アルペンザルツ

藻塩

フランス産のフルール・ド・セル（本書ではカマルグを使用／ゲランドでも可）はじっくり時間をかけて結晶化された大粒の海塩で、ミネラルを多く含んで旨みがある。平釜製法による大粒のイギリス産海塩（マルドン・シーソルト）はピラミッド形の美しい結晶で、シャリッとした歯応えと雑味のない味わい。ドイツ産岩塩（アルペンザルツ）はサラサラの程よい粒感。クセがすっきりとした味わいで万能。海水を含ませて焼いた海藻で作る国産藻塩は、ほんのり色づき、まろやかな旨みがある。
大粒タイプは、まろやかな塩味のアクセントを付けるのに向く。細粒タイプは、料理に幅広く使用できる。

セロリソルト

トリュフソルト

香り素材をブレンドしたフレーバーソルトは、仕上げのひとふりでトーストの味わいを格上げする。セロリシードの粉末入りのセロリソルトは香味野菜ならではの味と香りで奥行きを、乾燥トリュフ入りのトリュフソルトはふくよかな香りで高級感を添える。

おいしいトーストを組み立てる

1 コク × **3** 塩味 で楽しむトースト

コク 無塩バター

×

塩味 シュレッドチーズ

（p.98,100）

コク E.V. オリーブ油

×

塩味 リコッタ＋塩

（p.106,108）

チーズトーストというと一番に思い浮かべるのは、さっくり香ばしく焼けたトーストと、とろーりとろけたチーズとの組み合わせ。作っている最中からチーズ特有の香りでキッチンが満たされ、食欲を刺激します。

チーズには様々な種類があり、その味わいや特性を知らずに使うと思うような仕上がりになりません。トーストに塗ったり、のせたり、そのままで味わうほうがおいしいものも、生食も加熱もそれぞれの味わいが活かせるタイプもあります。加熱方法は、チーズの特性や求める仕上がりに合わせて選びましょう。トースターで一緒に焼く他、チーズだけをフライパンで溶かしてかけたり、チーズがカリカリになるまでしっかり焼くこともできます。

パンとチーズ。シンプルな組み合わせですが、トーストの楽しみ方は無限に広がります。

 (コク) **無塩バター**

×

(塩味) **シュレッドチーズ**

 (コク) **E.V. オリーブ油**

×

(塩味) **モッツァレラ＋塩**

(p.102,104)

(p.99,101)

おいしいトーストを組み立てる

スパイスとハーブ、調味料

スパイスやハーブ、市販の調味料は、トーストの隠し味や仕上げのアクセントになり、適切に使い分けることで味が決まります。特別なものを使わずとも、白こしょうと黒こしょうの使い分けや挽き加減の違いでも香りの印象ががらりと変わります。マスタードもそれぞれに味の個性があるので、まずは1種類ずつ味わってから組み合わせてみましょう。

白こしょう

細挽きにして料理の下味に使うとよい。白いので料理の色や見た目を損なわずに辛みと香りを付けることができる。黒こしょうと使い分けたい。

細挽き

黒こしょう

白こしょうは実を完熟させて皮を取り除いたものであるのに対し、黒こしょうは完熟前の実。野性的な辛みと香りがあり、粗挽きをアクセントに使う。

粗挽き

チリペッパー（粗挽き）

赤唐辛子を乾燥させたもので、カイエンペッパー、レッドペッパーともいう。種子の周囲が一番辛い。全体に辛みをつける時は細挽きを、アクセントに使うなら、粗挽きがよい。

ナツメグ

ほんのり甘く清涼感ある香りで、肉の臭み消しにハンバーグに欠かせない。乳製品との相性もよく、ベシャメルソースと合わせると風味よく仕上がる。

パウダー

カルダモン

清涼感あるスパイシーな香りが特徴で、カレーやチャイに欠かせない。砂糖との相性がよく、北欧ではパンや菓子にもよく使われている。

パウダー

ローリエ

月桂樹の葉で、ローレルともいう。清涼感とほのかに甘みを感じられる香りが特徴で、素材の臭みを和らげる。煮込み料理に欠かせない。

イタリアンパセリ（ドライ）

ドライでもさわやかな香りとほろ苦さが感じられる。料理のアクセントに使いやすい。ソースなどで少量使う場合は、フレッシュの代わりに使ってもよい。

オレガノ（ドライ）

トマト料理と相性がいいシソ科のハーブでピザには欠かせない。ドライでも特有の清涼感があり、肉・魚料理の臭み消しにも重宝する。サラダにも合う。

シナモン

クスノキ科の常緑樹の樹皮を乾燥させたもので、ほのかな甘みのある香り。力強くスパイシーな「カシア」と繊細で上品な「セイロン」の2種類がある。

パウダー

バニラビーンズ

ラン科の植物のさやを発酵・乾燥させて香りを引き出したもので、甘くふくよかな芳香がある。トーストにはバニラビーンズペーストを使ってもよい。

ペースト

イタリアンパセリ

平葉種のパセリはちぢれた葉のものと比べてクセがなく香りもさわやか。たっぷり刻んでソースやディップに合わせたい。

バジル

イタリア料理には欠かせないハーブでトマトとの相性が特によい。そのまま使う他、たっぷりの葉をペースト状にしたりオイル漬けにしたりしても。

ミント

すっきりとさわやかな香りでほのかな甘みも感じられる。ペパーミントよりもスペアミントのほうが穏やかな香りで使いやすい。サラダのアクセントにもよい。

ディル

魚介との相性がよく、北欧や東欧でよく使われているハーブ。スープやピクルスの風味付けにもよく、やさしい風味は卵との相性もよい。

コリアンダー

中国では香菜（シャンツァイ）、タイではパクチーと呼ばれる。独特の香りが強く、好みが分かれる一方で近年人気が高まっている。デトックス効果も魅力。

青じそ

大葉という名称は流通の際の商品名が通称になったもの。薬味に使われる香辛野菜の中でも群を抜いて栄養価が高い。パンにもよく合う。

ディジョンマスタード

フランス・ディジョンの伝統的なマスタード。さわやかな酸味と辛みのバランスがよく、なめらかな舌触りとまろやかな味わいが特徴。

粒マスタード

マスタードの種子がそのまま入っており、プチプチとした食感が楽しめる。ディジョンマスタードと比べて辛みはマイルド。

和からし

西洋のマスタードは、辛みが穏やかで料理にたっぷり使うことが多いのに対し、和からしには強い辛みがある。少量をアクセントに使うとよい。

西京味噌

京都で造られる、淡黄色の味噌。米こうじをたっぷり使用した、こっくり甘い味わいが特徴で、京都の雑煮には欠かせない。一般的な赤味噌と使い分けるとよいアクセントになる。

タヒニ

中東料理に欠かせないごまのペースト。日本の練りごまは炒りごまで作るのに対し、タヒニは生ごまで作るため香ばしさはないが特有のコクがある。

スイートチリソース

ベトナムやタイで使われる、甘酸っぱさと辛みが調和したソース。どんな食材にも合わせやすいが、味が強いのでマヨネーズなどとブレンドしてもよい。

おいしいトーストを組み立てる

バターの道具

バターは空気中の酸素や光によって酸化しやすく、開封後の保存には注意が必要です。市販のバターは紙箱入りや紙に包まれているものが多いので、使いやすいバターケースがあるとよいでしょう。トーストを楽しむために、バターナイフも用途に合わせて選びましょう。

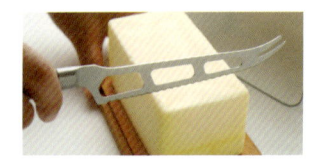

1 オメガナイフ

ソフトチーズ用のチーズナイフ。刃に穴が開いているので、チーズが貼り付かず切り分けやすい。先端のフォークエンドはチーズに刺して使う。チーズだけでなくバターもスムーズに切れる。家庭用の小さなバターより大きなポンドバター(450g)のほうが、刃に貼り付かずストレス減をより実感できる。

2 アンベラ

餃子や中華まん、あんパンなどの包あんに使う調理器具。ステンレス1枚の削ぎ落とされたデザインで衛生的。手のひらに収まるサイズ感で、バターナイフとしても秀逸。サンドイッチ用としても作業性がよく、ついつい手に取ってしまう。1本だけを選ぶなら、これ。

3 糸状にすくえるバターナイフ

冷たいバター専用のバターナイフ。小さな穴が開いた特殊な形で、かたいバターを糸状にふんわりとすくい取ることができる。たっぷり使いたい時は向かないが、トーストにバターを少量使いたい時は便利。

4 手の熱で溶かして切れる
   バターナイフ

アルミニウム素材で作られたバターナイフ。ステンレスの約12倍の熱伝導率を持ち、冷蔵庫から出したてのかたいバターもスムーズに切れる。トーストに塗る短い時間でも、熱が伝わりバターの状態が変わっていく様子がわかる。軽く使いやすいが、食洗機で洗うと酸化・変色するので注意する。

5 四角く切れるバターナイフ

かたいバターをきれいに四角く切れるバターナイフ。バターの角にナイフを入れ、上から下に押し切りする。小さな塊をパンに添えたい時や炒め物など調理する時に、均一なサイズに切り分けられて便利。家庭用サイズの薄いバターに向く。少し力がいるが冷たいままでも切れる。

6 木製バターケース

ポンドバター(450g)の1/4が入るように作られた小ぶりの木製バターケース。カッティングボードにもなる小さな板に四角いふたをかぶせて使う。家庭用の200gもしくは150gを半分に切ったものも合う。短期間で使い切りやすい量なので、あらかじめバターを切り分け冷凍保存し、すぐに使うものだけを入れておくとよい。テーブルに並べたくなるデザインで実用的。

7 カッター付きバターケース

家庭用のバターがぴったり入るケースに、ステンレス製のカッターがセットされている。冷蔵庫から出して常温に戻りかけたバターを一気に押し切ることができる。10g程度の使いやすいサイズに切り分けられるので、トースト用、調理用として使いやすい。少量ずつ取り出しやすく、日常的にバターを多く使う人に向く。

8 ガラス製バターケース

強化ガラスで作られたフランス製のクラシックなバターケース。ガラス製でにおいが付きにくく衛生的。重いのが難点だが、食洗機可で頑丈で割れにくい。実際に20年以上使っており、頑丈さは立証済み。450gのポンドバターがそのまま入るタイプは種類が限られるが、あると便利。

9 ホーローバターケース

450gのポンドバターがそのまま入るホーロー製のバターケース。冷蔵庫に入れる時は、ホーローケースを下にし、木製のふたをのせる。使う際はふた側を下にすれば、6の木製バターケースと同様にこのままカッティングボードになる。表面がガラス質、中が鉄でできたホーローは冷却性が高く、におい移りがない。

トースト豆知識

トーストの語源は、古フランス語でロースト、グリルの意味がある「tostée」で、「焼いた一切れのパン」を指します。この言葉がイギリスに渡り、英語の「Toast」になりました。
古くから、ワインに焼いたパンを添えて乾杯する習慣があったことから、「焼いたパン」だけでなく「乾杯」の意味も持つようになりました。

食パンとは？

「食パン」というのは日本独自の名称で、欧米では「食パン」に当たる名前はありません。「あんパン」を代表する菓子パン人気がきっかけとなり、パンが大衆化したものの、米飯主体の日本では、パンはおやつ。そこで、おやつではないパンを「主食用のパン」として差別化するために「食パン」と呼ばれるようになりました。
ちなみに、「主食」という言葉も日本を含む稲作圏の東アジア、東南アジアならではのもの。「ごはん」が食事そのものを指す言葉としても使われることからも「米」が主であることがわかります。

食パンの歴史

私たちが「食パン」と呼んでいるパンは18世紀のイギリスで誕生しました。産業革命で、石炭を使った箱型のパン窯が開発されると、パン窯内部を有効利用し量産するために、パンの形も丸型から箱形に。箱型のブリキの焼型(tin)が考案されたことで、パンは高く膨らむようになりました。このパンが、イギリスの植民地支配の歴史と重なり、世界中に広まりました。
日本では1959年の開港から3年後の横浜で、イギリス人によるベーカリーが誕生しました。ホップス種を使い、型で焼いたそのパンは、それまでに日本で作られていた固い直焼きパンとは、見た目だけでなく食感も全く異なるものでした。これが「イギリスパン」と呼ばれるようになり、日本の食パンのルーツとなりました。
その後、第二次大戦後に進駐軍によってもたらされたのは、蓋付きの型で焼かれた角食パンでした。イースト(パン酵母)が普及し、製パン性に優れた小麦や機械がアメリカから輸入され、大型の製パン工場が作られたことや、給食でのパン食の普及も後押しし、食パンは日本の食卓に欠かせないものになりました。

イギリスのイギリスパン

日本では、バゲットやバタールなどはフランスパン、どっしりしたライ麦パンをドイツパン、そして山形の食パンはイギリスパンと呼ばれます。これらの名称は、その国で「特に親しまれているパン」や「その国から伝わったパン」という意味で使われているだけで、それぞれの国には、多様なパン文化があり、これらのパンはその一部に過ぎません。
私たちがイギリスパンと呼ぶ山型の食パンは、ティン(tin)という焼き型を使うことから「ティン・ブレッド(Tin bread)」、また、白い小麦粉で作られることから「ホワイトブレッド(White bread)」や「ホワイトローフ(White loaf)」と呼ばれています。蓋がないので、上部がふっくら山型にはなりますが、日本の食パンよりも小ぶりで、正方形に近いものです。

イギリスのトーストとその道具

イギリスの食パンは、日本でサンドイッチ用とされるような薄切りが主流。トーストは、薄くカリカリで、パンそのものよりも上に塗るものを楽しむスタイルが特徴です。例えば、マーマレードトースト(p.182参照)は、パンは主ではなくお皿のような存在です。
トーストは日常の食卓に欠かせないものなので、古くからトースト専用の道具がありました。電気トースターが開発されたのは1890年代以降で、それまではトースティングフォーク(Toasting Fork)という大型の専用フォークに刺し、暖炉の火でパンを炙っていました。産業革命で、電気製品が増える中でも、トーストに関してはフォークや焼き網を使った暖炉調理へのこだわりがあったとか。これは、直火で焼く、日本の焼き網トーストの魅力にも通ずる感覚です。
焼き上がったトーストを立てて置くための、トーストラック(Toast rack)も欠かせません。トーストが湯気で湿気るのを防ぎ、カリッとした食感を保ちます。魅力的な道具ですが、パンを置く幅はイギリスサイズ。イギリスのポップアップトースターと同様に、厚切りのパンには使えないのでご注意を。

日本のトースト

食パンの厚さには地域性があり、好まれるスタイルが異なります。関西や四国では5枚切りや4枚切りといった厚切りが主流で、8枚切りはほとんど見かけません。一方、首都圏を中心としたエリアでは6枚切りが標準的で、8枚切りも定番ですが、5枚切りはほぼ見られません。

日本では食パンが家庭で食べられるようになった当初、アメリカやイギリスの影響で薄切りが主流でした。しかし、日本独自のふんわりしっとりとした食パンの進化に伴い、厚切りが好まれるようになりました。関西の「粉もん文化」では、もっちりした食感を楽しむ厚切りトーストが愛される一方、関東の「煎餅文化」では、サクサクとした薄切りトーストが好まれるという説もあります。とはいえ、イギリスのトーストに比べれば、どちらも厚切りであることには変わりありません。

パンとビール

パンとビールの起源は、約5000〜6000年前の古代メソポタミア文明にさかのぼります。どちらも麦が原料で、発酵技術を用いて作られるようになりました。古代エジプトでは、パンとビールは生活の基盤になるもので、ピラミッドの建築に関わる労働者にも支給されるほど。この頃のビールは、焼いたパンと水を壺の中で発酵させたもので、嗜好品というよりも栄養価の高い飲み物でした。現代のビールとは異なるもので、「液体のパン」とも言われました。

中世のヨーロッパの修道院ではビールが盛んに作られるようになりました。「ワインはキリストの血」であり、「パンはキリストの肉」。「液体のパン」であるビールは、キリスト教の断食期間中にも飲むことができ、栄養補給の手段でもありました。

そして、醸造技術の発展と共に、ビールの風味をよくし、殺菌効果にすぐれた「ホップ」を使ったビール作りが広まりました。「ホップ」による発酵の安定は、パン作りにも寄与しました。ビール醸造所のある地域では、ビール酵母がパン種作りにも活用されており、イーストが開発・工業化されるまでは、パンとビールは密接に結びついたものでした。

日本の食パン作りで、ホップス種が用いられたのも、同時期に日本でビール作りが始められていたから実現したことなのです。

パンに塗るビール

イギリスのトーストに欠かせない「マーマイト（p.182参照）」は、ビール酵母が主原料です。ビール製造時に沈殿した、ビールの酒粕のようなものを濃縮した栄養食品です。ビール酵母はビタミン、ミネラル、アミノ酸、食物繊維など豊富に含まれ栄養補給ができるほか、腸内環境を改善する働きがあります。ビール酵母は日本でも、健康食品として活用されていますが、パンに合わせるものではありません。

「マーマイト」は濃い褐色のどろりとした水飴状で、焦がし醤油や八丁味噌を連想させる強いにおいと強い塩味が特徴です。好みがはっきり分かれる食品ですが、たっぷりバターを塗ったトーストにごく少量塗りのばすと、チーズを彷彿させる旨みと塩味のバランスがよく、思いのほか美味しいものです。苦手意識がある方も、パンとビールの歴史に思いを馳せながら味わってみてください。

パンで作るビール

近代化の中で別々の道を歩んできたパンとビールが、ここにきて再び交わろうとしています。パンでビールを作る動きが広がっているのです。世界中でパンが食べられているということは、大量に作られているということ。サンドイッチの製造で不要になるパンの耳や、売れ残ったパンの廃棄が問題視されています。フードバンクで回収しても、配給しきれないほどで廃棄量は膨大です。これらをビール作りに活用し、話題となったのがロンドン発の醸造所、その名も「TOAST」です。

「TOAST」は廃棄予定のパンを再利用してビールを醸造し、フードロス削減とアップサイクルの象徴的な取り組みとして世界的な注目を浴びています。この動きは世界各地に広がり、日本でも小規模ブルワリーを中心に廃棄パンを活用したビール作りが始まっています。

古フランス語の「tostée」がイギリスに渡った後、イギリス人は「焼いたパン」をビールの底に入れて乾杯するようになりました。そんな風習がなくなった今、パンとビールの新しい形に触れることは、パンの新たな楽しみですが、ビール作りはあくまでも手段。最終目的はパンの廃棄がなくなること。私たち、一人一人が目の前のパンをおいしく食べ切ることが、未来の食卓につながります。

02

シンプルトースト
を極める

バタートースト

食パンとバターだけで作る、もっともシンプルなバタートーストは、
これ以上にもこれ以下にもできない究極の引き算メニュー。
まずは無塩バターでトーストそのものを味わいましょう。

 焼き加減 さっくり ┊ **ダブルバターのカリサクトースト**

焼き加減 こんがりよりの さっくり ┃ バターがしみ込むサクふわトースト

ダブルバターのカリサクトースト

（コク 1）

材料（1枚分）
山食パン（8枚切り） …… 1枚
無塩バター（冷蔵・薄い角形2枚に
切り分ける） …… 15g

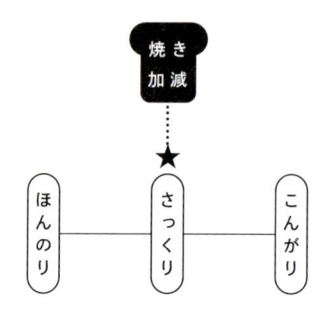

焼き加減

ほんのり — さっくり ★ — こんがり

組み立てのポイント

山食パンは生地が垂直に伸びるため、角食パンに比べてきめが粗く、生地の断面を見ると違いがはっきりわかります。山食は縦に長い不揃いな気泡があるのに対し、角食には大きな気泡はなく、全体が均一でなめらかです。また、山食はふたをしないため、焼成中に水分が多く蒸発しますが、角食はしっとり焼き上がります。この生地の違いは、トーストした時に顕著に現れます。そ

れぞれの個性を味わうには、山食は薄め、角食は厚めにスライスして比べるとよいでしょう。

薄めでトーストした山食は水分がさらに飛び、さっくり感が際立ちます。全体が香ばしく焼けているけれど、焼きすぎではない、サクサクした状態が理想です。アツアツのうちにバターの半量を塗れば、表面にバターがジュワッとしみ込みながらもさっくりとした

食感が保てます。冷たいままのせた残りのバターは、そのままバターごとかじっても、徐々に溶けてクラムにしっかりしみ込んでいく過程を楽しむのも、それぞれのおいしさがあります。さらに、山食の上部と下部ではクラストの状態が異なり、1枚の中でも色々な食感・香りが楽しめます。引き算の組み合わせだからこそ、均一化されない複雑な味わいが魅力です。

作り方

1 山食パンはオーブントースターで焼く。表面が薄く色づき始めたら、変化が早いのでパンの焼き色を見守る。一部濃いところもあるが、一部は白いところも残る状態で取り出す。

2 無塩バターの半量をのせ、余熱で溶かしながら山食パンの表面全体に塗り伸ばす。

3 2の中央に残りの無塩バターをのせる。無塩バターは余熱でじんわり溶けてくるが、無塩バターの状態の変化を楽しみながら食べる。

オーブントースターでの
パンの焼き方

正方形に近い角食パンと違い、縦長の山食パンの場合は、置き方によって焼きムラが出やすい。一般的には、庫内奥の温度が上がりやすく、手前は低め。山の上部を手前に縦向きに入れると上部が焦げずにバランスよく焼き上がるとされるが、オーブントースターの性能によるので、クセをつかもう。高性能トースターで1枚焼く場合は、庫内中央に横向きに入れて問題ない。2枚一度に焼く場合は、山の上部を手前にする。

また、外はさっくり中はふんわりのコントラストを楽しみたい場合は、陶器製の「トーストスチーマー」水に浸してから使うか、食パンに軽く霧吹きしてから焼くとよい。

バターがしみ込むサクふわトースト

材料(1枚分)
角食パン(4枚切り) …… 1枚
無塩バター(常温に戻す) …… 20g

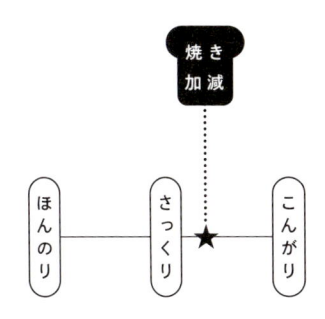

焼き
加減

ほんのり ── さっくり ── ★ ── こんがり

組み立てのポイント

日本の角食パンは、きめ細かくしっとりとした食感が特徴で、ほんのりとした甘みと喉ごしのよさも魅力です。厚切りトーストがおいしく仕上がるのは、そんな食パンだからこそ。

薄切りトーストは水分が飛びやすく、さっくりと軽い食感になりますが、厚切りは表面がカリッと焼けても、クラムの水分が内側に閉じ込められるため、

しっとりと蒸しパンのような食感が楽しめます。しかし、クラムが蒸気でやわらかくなるため、包丁を入れると生地がくっつきやすく、押し切りしたりそのまま食べるとつぶれてしまうことがあります。

そこで、食パンは焼く前に切り込みを入れます。こうすることで、厚みを保ちながらも、表面のカリッとした部

分とクラムのしっとりした部分とのコントラストを楽しめます。また、切り込みを入れることでバターのしみ込み方も変わり、表面と内部で異なる風味が味わえるようになります。1枚の中でのバランスの違いも、トーストをさらに楽しむポイントです。

作り方

1 角食パンに切り込みを入れる。まずは縦方向に等間隔で3本、包丁で切り込みを入れる。包丁を入れるのは底から5mm程度の高さまで。切り落とさないようにする。

2 向きを変えて、1と同様に横方向にも等間隔で3本、包丁で切り込みを入れる。焼く前に切り込みを入れておくと、パンのふんわりとした形状を保ったまま焼くことができる。

3 オーブントースターで焼く。表面が薄く色づき始めたら、変化が早いのでパンの焼き色を見守る。全体に濃い焼き色がつき始めたら取り出す。

4 無塩バターをのせ、角食パンの表面全体に余熱で溶かしながら塗り伸ばす。この時、切り込み部分にバターが入り込んでたまるが、そのまま自然にしみ込ませる。切り込みに沿ってちぎりながら食べる。

1 コク バタートースト

焼き加減 こんがり ｜ ふんわりバターの半斤トースト

焼き
加減

耳だけ
こんがり

しみしみバターのジュワッとトースト

① コク ふんわりバターの半斤トースト

材料（1個分）
角食パン …… 1/2斤（底面耳付き）
無塩バター（冷蔵） …… 20g

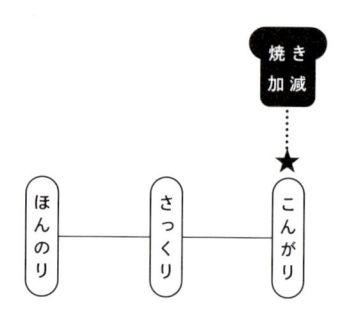

焼き加減

ほんのり — さっくり — ★ こんがり

組み立てのポイント

トーストの味わいは「厚さ」で変化しますが、これは他の食材にも当てはまります。例えば生ハムは、薄切りが基本です。塩漬けや乾燥、熟成によって肉が引き締まり、厚く切ると噛み切りにくくなります。薄切りにすることで、塩分の強さが心地よく感じられる範囲で楽しめるのです。一方、加熱タイプのハムは、薄切りなら繊細な香りと口溶け、厚切りならしっかりした歯応えと肉の旨みが味わえます。このように

ハムの場合、同じ重量でも薄切りにすると1食分の表面積が増して香りが引き立ち、厚切りは食感が楽しめるという違いがあります。

これを食パンに置き換えて、8枚切りと4枚切りを同じ量で食べ比べるとどうでしょう。8枚切りは表面積が大きく、2枚分の香ばしさが楽しめる一方で水分が飛びやすく、さっくりと軽い食感です。4枚切りは表面積が小さい分、クラムがしっとりと水分を保っ

ており、ふんわり感が楽しめます。
さらに、2枚切り（半斤）で試すとどうでしょうか。5面が耳付きの端を使うと、こんがり焼けた表面とクラムのやわらかさの対比が一層際立ちます。耳の内側に切り込みを入れることで、側面のクラストがよりさっくりと焼き上がり、トーストの大胆で複雑な味わいを堪能できます。バターはよく冷えたものを薄切りにすると繊細な風味の変化を楽しめます。

作り方

1 角食パンは耳付きの面を底にして、側面の耳の1cm内側に包丁で切り込みを入れる。切り込みは、底から5mm程度の高さまでで貫通させない。

2 1と同じ高さまで、切り落とさないように十字に切り込みを入れる。

3 オーブントースターで焼く。角食パンの表面が薄く色づき始めたら、変化が早いのでパンの焼き色を見守る。全体にこんがりと焼き色がついたら取り出す。

4 冷蔵庫から出したての冷たい無塩バターをピーラーで削ぎ切りにして、**3**の上にのせる。切り込みに沿って手でちぎり、無塩バターを付けながら食べる。

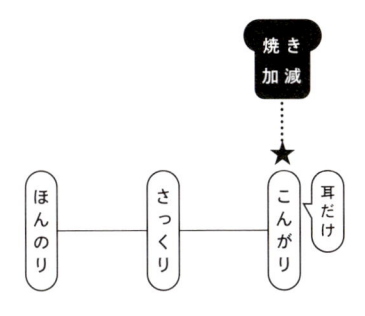

しみしみバターのジュワッとトースト

（1 コク）

材料（1枚分）
山食パン（8枚切り）……1枚
無塩バター（冷蔵・薄切りにする）
……15g

焼き加減

ほんのり ── さっくり ── ★こんがり ── 耳だけ

組み立てのポイント

バタートーストを作る時、バターの扱い方は人それぞれ好みが分かれます。まず、温度。常温に戻してやわらかくなったものを使うのか、冷蔵庫から出したての冷たくかたいものを使うのか。常温に戻すのは時間がかかりますが、冷蔵庫からの頻繁な出し入れはバターの劣化を早めるため、注意が必要です。一方、冷たいバターはそのまま使えて扱いやすいというメリットがあります。

次に、「塗る」か「のせる」かの違いです。常温のバターを塗って食パンにしみ込ませて一体化させるのか、冷たい固形のバターを食パンにのせて咀嚼することで調和させるのか、パンの厚さや焼き加減が同じでも味の感じ方は違います。

ここでは、冷たいバターをスライスし、食パンにのせてから焼いてみました。常温のバターを塗って焼く（p.22、23参照）のと比べると、塗る際に食パンのクラムが押しつぶされることがなく、弾力が保たれます。冷たいバターは溶ける時間がわずかに長く、バターがしみ込んだ表面のジュワッと感と底面のカリッと感の対比がより鮮明に感じられます。断面を見てみると、上半分にバターがしみ込み、下半分はサクサクとしたトーストのままであることがわかります。

作り方

1 無塩バターは薄く切り、山食パンの上面全体に均等に並べる。大きめに切ると、溶けた無塩バターがパンからはみ出してオーブントースターの庫内に落ちてしまう。山食パンの側面から15mm内側に収まるくらいが目安。

3 オーブントースターを開けたら、無塩バターの泡立ちが落ち着くまで少し置く。すぐに取り出すと、溶けたバターが流れてしまう。落ち着かせることで、山食パンにバターがしみ込む。

2 オーブントースターで焼く。耳に近い周囲はこんがり焼き色がつき、無塩バターが完全に溶けてシュワシュワ泡立つまで加熱する。

4 食べやすいように、半分に切る。

61

バタートースト

バターが香るフライパン焼きカリカリトースト
+ ひとつまみソルト

バターを味わう ザックリ半斤トースト
＋ひとつまみシュガー

バターが香るフライパン焼きカリカリトースト

1 コク

＋ひとつまみソルト

材料（1枚分）
全粒粉入り食パン（8枚切り）…… 1枚
無塩バター（常温に戻す）…… 15g
フルール・ド・セル（カマルグ/p.43参照）
…… 少々

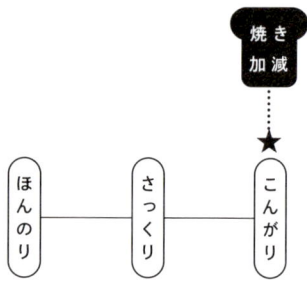

焼き加減

ほんのり — さっくり — こんがり ★

組み立てのポイント

　トースト作りは、「何で焼くか」も大切な要素です。熱源の違いや、どの調理器具を使うのかで、焼き方も焼け方も違います。フライパンを使うなら、あらかじめパンにたっぷりバターを塗るのがポイントです。バターを塗って焼くことで、適切な量のバターがパンに均一になじみ、過不足なく使うことができます。バターをしっかり吸い込んだ生地は、しっかりこんがり焼くことで、カリッと軽い食感に。

　仕上げにはまろやかな塩味のフルール・ド・セルをぱらりとふって。ひとつまみの塩で、味がグッと締まり、意外にも軽やかな味わいです。

作り方

1　全粒粉入り食パンは表面が乾燥する程度に軽くトーストする。

2　片面に常温に戻した無塩バターの半量を塗る。フライパンを中火で熱し、バターを塗った面を下にして焼く。

3　焼き色を確認する。こんがりと焼き色がついていればよい。

4　上面に残りの無塩バターを塗ってから裏返し、両面にこんがりと焼き色がつくまで焼く。

5　仕上げにフルール・ド・セルをふる。

バターを味わう ザックリ半斤トースト
+ ひとつまみシュガー

材料（1枚分）
山食パン …… 1/2斤（底面耳付き）
無塩バター（常温に戻す） …… 15g
無塩バター（冷蔵） …… 10g
グラニュー糖 …… 2g

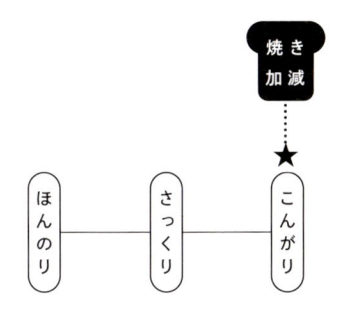

焼き加減

ほんのり — さっくり — こんがり ★

組み立てのポイント

　食パンの個性は、薄切りよりも厚切りのほうが強く出ます。香ばしさが引き立つ薄切りに比べ、厚切りはクラムの印象が薄まることがありません。厚切りの山食パンはトーストすると耳のザクッと心地よい歯応えと軽さが引き立ち、もっちりとしたクラムとのコントラストを堪能できます。

　パンにしみ込ませた無塩バターと、後のせした無塩バター、温度・状態の違うバターのダブル使いで味の違いも楽しめます。ひとつまみのグラニュー糖の甘みがアクセントになり、パン生地そのものの塩味が引き出されます。

3 オーブントースターで焼く。全体にこんがりと焼き色がついたら取り出す。

作り方

1 山食パンは耳付きの面を底にして、側面の耳の1cm内側に包丁で切り込みを入れる。

2 切り込みの内側に縦1本、横2本の切り込みを等間隔で入れる。

4 常温に戻した無塩バターを塗り、グラニュー糖を全体にふる。

5 冷蔵の無塩バターを中央にのせる。

食べ方

まずはバターがしみ込んだクラムをちぎり、もっちりとした食感とバターの調和を味わいましょう。次に、ザクッと焼けた香ばしい耳に後のせバターを塗りながら、バターの状態の変化を楽しんで。

① コク 合わせバターのトースト

レモンバタートースト

トリュフバタートースト

材料（1枚分）
角食パン（10枚切り）…… 1枚
レモンバター（p.27参照）…… 適量
レモンの皮（すりおろす）…… 少々

作り方
角食パンはさっくりとトーストして半分に切り、粗熱を取ってからレモンバターを塗り、仕上げにレモンの皮をかける。

POINT／アツアツのままバターを塗ると一気に溶けてしまう。ここでは、バターを「のせる」ようにたっぷり塗ることで、合わせバターの風味を味わいたい。

材料（1枚分）
パン・オ・ルヴァン（10mmスライス）…… 1枚（30g）
トリュフバター（p.26参照）…… 適量

作り方
パン・オ・ルヴァンはこんがりとトーストして半分に切り、粗熱を取ってからトリュフバターを塗る。

POINT／力強いトリュフの香りには、風味の強いパンが合う。そのままでは酸味が強く感じられるようなパンならトリュフに負けず、互いの個性を引き立て合う。

エスカルゴバタートースト

材料(6切れ分)

バゲット（20mmの輪切り）…… 6切れ
エスカルゴバター(p.26参照)…… 適量

作り方

バゲットはこんがりとトーストし、粗
熱を取ってからエスカルゴバターを塗
る。

POINT／にんにくとハーブが香るエ
スカルゴバターはパンをおつまみに変
える。ここでは粗熱を取ってからのせ
ているが、塗ってから焼くのも捨てが
たい。

ロックフォールバタートースト

材料(2枚分)

くるみとレーズン入り田舎パン（12mmスライス）…… 2枚（30g/枚）
ロックフォールバター(p.26参照)…… 適量
はちみつ …… 少々

作り方

くるみとレーズン入り田舎パンはさっ
くりとトーストし、粗熱を取ってから
ロックフォールバターを塗り、はちみ
つをかける。

POINT／ロックフォールの力強い個
性には、甘みを添えて食べやすく。パ
ンに練り込まれたくるみとレーズン、
仕上げのはちみつがアクセントになる。

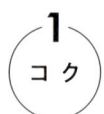

コク 1 バター以外の油脂を味わうトースト

1 ごま油トースト

材料(1枚分)と作り方
全粒粉入り食パン(8枚切り) …… 1枚
焙煎ごま油 …… 5g
フルール・ド・セル(カマルグ/p.43参照)
…… 少々

全粒粉入り食パンの上面に焙煎ごま油を
ハケで塗る。こんがりとトーストし、フ
ルール・ド・セルをふる。

POINT／しっかりとトーストすること
で全粒粉の風味とも相乗し、香ばしさが
際立つ。焙煎ごま油をマカダミアナッツ
オイル(p.28参照)に換えてもよい。

2 ラードのトースト

材料(1枚分)と作り方
角食パン(8枚切り) …… 1枚
ラード …… 8g
フルール・ド・セル(カマルグ/p.43参照)
…… 少々

角食パンの上面にラードを塗る。こんが
りとトーストし、フルール・ド・セルを
ふる。

POINT／サクッと軽い食感で風味が増
す。焼豚などと相性がよい。

3 ココナッツオイルトースト

材料(1枚分)と作り方
角食パン(8枚切り) …… 1枚
ココナッツオイル
(固形化したもの/p.28参照) …… 15g

角食パンはさっくりとトーストし、粗熱
を取ってからココナッツオイルを塗る。

POINT／ココナッツの甘い香りが新鮮。
バナナやパイナップルと合う。ココナッ
ツバターでもよい。

4 オリーブ油トースト

材料(1枚分)と作り方
山食パン(6枚切り) …… 1枚
E.V.オリーブ油 …… 5g

山食パンはこんがりとトーストし、E.
V.オリーブ油をかける。

POINT／オリーブ油は後がけして、フ
レッシュな香りを楽しむ。

種実系バターのトースト

1 ピーナッツバタートースト

材料(1枚分)と作り方
全粒粉入り食パン(8枚切り) …… 1枚
ピーナッツバター(市販品・粒入り) …… 適量
黒こしょう(粗挽き) …… 少々
はちみつ …… 少々

全粒粉入り食パンはさっくりとトーストし、縦半分に切ってから、ピーナッツバターを塗り、はちみつをかけ、黒こしょうをふる。

POINT／全粒粉とピーナッツの香ばしさが相乗し、黒こしょうと合う。

2 アーモンドバタートースト

材料(1枚分・写真は3枚分)と作り方
シリアル入り田舎パン(10㎜スライス)
…… 1枚
アーモンドバター※ …… 適量
メープルシロップ …… 少々

※皮付きアーモンド(ロースト)250g、きび砂糖25g、マカダミアナッツオイル大さじ1(サラダ油等香りの少ない植物油で代用可/p.28参照)、塩ひとつまみをハイパワーのブレンダーでなめらかになるまで攪拌する。

シリアル入り田舎パンはさっくりとトーストし、アーモンドバターを塗り、好みでメープルシロップをかける。

3 くるみバタートースト

材料(1枚分)と作り方
山食パン(8枚切り) …… 1枚
くるみバター(p.26参照) …… 適量

山食パンはさっくりとトーストし、粗熱を取ってから半分に切り、くるみバターを塗る。

POINT／くるみとバター、それぞれの個性が引き立つ合わせバターは、パンに合う素朴な味わい。

4 タヒニトースト

材料(1枚分)と作り方
角食パン(10枚切り) …… 1枚
タヒニ(p.47参照) …… 適量
粗塩(マルドン/p.43参照) …… 少々
はちみつ …… 少々

角食パンはこんがりとトーストし、4等分に切ってから、タヒニを塗る。粗塩と好みではちみつをかける。

POINT／タヒニはオイルと固形分が分離しやすいので、使う前によく混ぜ合わせる。

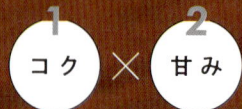

シュガートースト

バタートーストに甘みをプラス。
砂糖をかけるだけで、いつものトーストがスイーツに。
バターのコクと砂糖の甘さが織りなすハーモニーは、心を満たす味わいです。

焼き加減 こんがりよりの **さっくり**

常温バターとグラニュー糖の
ジャリジャリシュガーバタートースト

焼き
加減
こんがりよりの
さっくり

常温バターと純粉糖の
ふんわりシュガーバタートースト

1 コク × 2 甘み

常温バターとグラニュー糖の
ジャリジャリシュガーバタートースト

材料(1枚分)

山食パン(10枚切り) …… 1枚
無塩バター(常温に戻す) …… 18g
グラニュー糖 …… 小さじ2

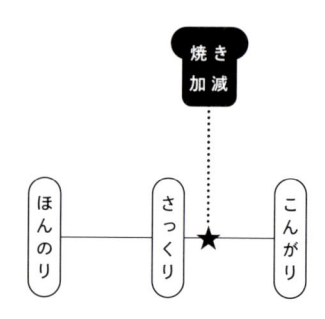

焼き加減

ほんのり ─ さっくり ─ ★ こんがり

組み立てのポイント

　無塩バターは常温に戻したものを使用
し、トーストは粗熱を取ってから仕上げ
るのがポイントです。なめらかなバター
の上で、ジャリッとしたグラニュー糖の
粒感が一層際立ち、山食パンのさっくり
とした食感を引き立てます。無塩バター
を使うことで、すっきりとした甘みの余
韻が心地よく残ります。

　有塩バターを使うと塩味と甘みのコン
トラストが強調され、味がくどくなりが
ちです。その場合は、バターの量を控え
ることでバランスがよくなります。

3　縦半分に切る。

作り方

1　山食パンはオーブントースターで焼く。
全体に濃い焼き色がつき始めたら取り
出す。

2　網にのせて粗熱を取る。熱いうちにバ
ターを塗るとすぐに溶けてしまう。こ
こではバターがすぐに溶けないほうが
よい。

4　常温に戻した無塩バターを塗る。

5　無塩バターにグラニュー糖が密着する
ようにふりかける。

常温バターと純粉糖の
ふんわりシュガーバタートースト

材料（1枚分）

角食パン（8枚切り）……1枚
無塩バター（常温に戻す）…… 20g
純粉糖＊…… 大さじ1

＊必ずグラニュー糖100%の純粉糖を使う。コーンスターチ入りのものだと口溶けが悪く、たっぷりかけるのには向かない。

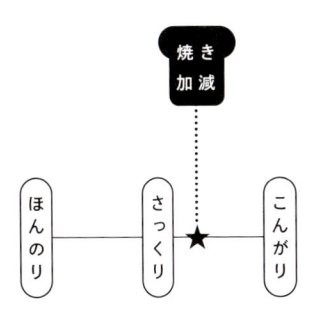

焼き加減

ほんのり — さっくり — ★ — こんがり

組み立てのポイント

　純粉糖はグラニュー糖を細かく粉砕したものです。粒度の違いだけですが、甘みの印象が驚くほど変わります。軽やかな粉糖とクリーム状のなめらかなバターが口の中で溶け合い、スムースに消えていく過程は、儚く繊細な味わいです。さっくりと焼いたトーストとの絶妙なコントラストで、食感と口溶けのバランスを存分に楽しめます。

3　半分に切る。

作り方

1　角食パンはオーブントースターで焼く。全体に濃い焼き色がつき始めたら取り出す。

4　常温に戻した無塩バターを塗る。

2　網にのせて粗熱を取る。熱いうちにバターを塗るとすぐに溶けてしまう。ここではバターがすぐに溶けないほうがよい。

5　茶こしで純粉糖をふりかける。無塩バターを覆うようにたっぷりふる。

① コク × ② 甘み シュガートースト

焼き
加減 さっくりよりの
こんがり ┃ 冷蔵バターときび砂糖の
こく甘バタートースト

バターとカソナードの
ガリガリブリュレトースト

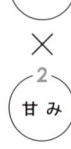

冷蔵バターときび砂糖の
こく甘バタートースト

材料(1枚分)

角食パン(4枚切り) …… 1枚
無塩発酵バター(冷蔵) …… 18g
きび砂糖 …… 小さじ2

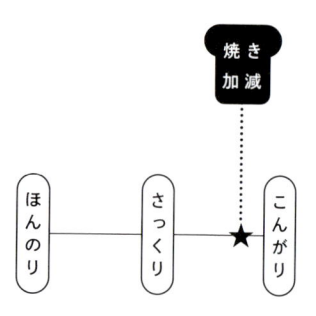

焼き加減

ほんのり ── さっくり ──★── こんがり

組み立てのポイント

　きび砂糖は、やさしい甘みとほのかなコクがあり、グラニュー糖とは一味違う魅力を持っています。発酵バターと合わせることで、さらに深みのある味わいが引き出されます。パンは素材の風味を存分に楽しむために厚切りにするのがおすすめです。厚切りのトーストが、きび砂糖と発酵バターの個性をしっかりと受け止めた絶妙な仕上がりになります。

　また、バターを有塩に替えると、甘さと塩味のコントラストが際立ち、より力強い味わいを楽しむことができます。

3 オーブントースターで焼く。全体がこんがりと焼ける直前の、白い部分がわずかに残る程度で取り出す。

作り方

1 角食パンは縦方向に等間隔で2本、包丁で切り込みを入れる。底から5mm程度の高さまでで、切り落とさないようにする。

4 粗熱を取ってから、無塩発酵バターをスライスしてのせる。

2 向きを変えて、1と同様に横方向にも等間隔で2本、包丁で切り込みを入れる。

5 きび砂糖を全体にかける。

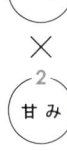

バターとカソナードの
ガリガリブリュレトースト

材料(1本分)
ソフトフランスパン …… 1本(55g)
無塩発酵バター(常温に戻す) …… 20g
カソナード(p.35参照) …… 20g

焼き
加減

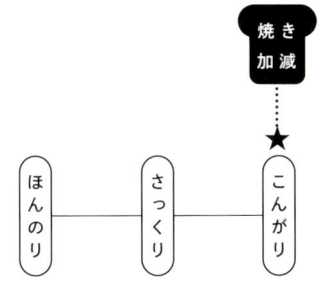

ほんのり ── さっくり ── こんがり ★

組み立てのポイント

カソナードがクレームブリュレの仕上げに使われるのは、熱を加えると均一に溶けるため。パリッとした食感が持続し、バニラのような濃厚な香りも魅力的です。ここでは、発酵バターと合わせることで、カソナードの風味に負けない深いコクを出します。キャラメリゼすることでパンと一体化し、シンプルなトーストが贅沢なスイーツに生まれ変わります。

3 フライパン全体にまんべんなく広がるようにカソナードを入れる。

作り方

1 ソフトフランスパンは真横から半分に切る。

4 2のバターを塗った面を下にして入れ、中火にかける。ターナーで押しながら、もしくはミートプレスをのせて焼く。

2 断面に半量ずつ無塩発酵バターを塗る。

5 カソナードがキャラメリゼされ、表面がカリッとしたら上下を返し、反対側も焼き色がつくまで焼く。

① コク × ② 甘み シュガートーストアレンジ

シナモンシュガーバタートースト

クロワッサン食パンの
カルダモンバタートースト

材料（1枚分）
生クリーム入り食パン（小型・25mmスライス）…… 1枚（80g/枚）
無塩バター（常温に戻す）……15g
シナモンシュガー※ …… 小さじ1

※シナモンシュガー（作りやすい分量）
グラニュー糖60gにシナモンパウダー5gを混ぜ合わせる。

作り方
生クリーム入り食パンは、縦・横2本ずつ切り込みを入れて、全体に焼き色が付く程度にトーストし、粗熱を取る。無塩バターを塗り、シナモンシュガーをかける。

POINT／シナモンには「カシア」と「セイロン」の2種類があるが、おすすめは「セイロン」。すっきりと上品で繊細な香りが楽しめる。

材料（1枚分）
クロワッサン食パン（小型・20mmスライス）…… 1枚（60g）
無塩バター（よく冷やしたもの）…… 15g
カルダモンシュガー※…… 小さじ1

※カルダモンシュガー（作りやすい分量）
グラニュー糖60gにカルダモンパウダー5gを混ぜ合わせる。

作り方
クロワッサン食パンは全体に焼き色がつく程度にトーストし、粗熱を取る。無塩バターをピーラーで薄切りにしてのせ、カルダモンシュガーをたっぷりかける。

POINT／クロワッサン食パンの生地のバターとトッピングの冷たいバターのコントラストが、カルダモンの清涼感ですっきりと味わえる。

レモンバターアイシングトースト

メープルシュガーバタートースト

材料(1枚分)
クロワッサン食パン(小型・20mmスライス) …… 1枚(60g)
レモンバターアイシング※…… 50g
レモンの皮(すりおろす) …… 少々

※レモンバターアイシング(作りやすい分量)
純粉糖100gに溶かした澄ましバター10gと
レモン果汁20gを混ぜ合わせる。

作り方
クロワッサン食パンは全体に焼き色がつく程度にトースト
し、レモンバターアイシングを塗る。仕上げにレモン
の皮をかける。

POINT／バターと砂糖の組み合わせは、プラスするフ
レーバーで印象が変わる。レモンのさわやかな酸味を活
かしたアイシングは、澄ましバターを加えるのがポイン
ト。上品な香りがバターたっぷりのパンに調和する。

材料(1枚分)
くるみとレーズン入り田舎パン(18mmスライス)
…… 1枚(45g)
無塩バター(常温に戻す) …… 15g
メープルシュガー(p.35参照) …… 小さじ1

作り方
くるみとレーズン入り田舎パンは全体に焼き色がつく程
度にトーストし、粗熱を取る。無塩バターを塗り、メー
プルシュガーをかけて、3等分に切る。

POINT／メープルシロップから作られるメープルシュ
ガーはまろやかな甘みとコクがある。キャラメルのよう
な香ばしさがレーズンにも合う。

① コク × ② 甘み はちみつトースト

自然の恵みであるはちみつは、
蜜源により個性豊かな風味を楽しめます。
その甘みを活かすことで、トーストの魅力が一層広がります。

焼き加減 **こんがり** ｜ カリカリはちみつトースト

焼き加減 こんがり ｜ ふわとろはちみつトースト

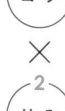
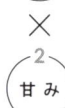

カリカリはちみつトースト

材料（1枚分）

全粒粉入り食パン（8枚切り）…… 1枚
無塩バター（常温に戻す）…… 10g
はちみつ（百花蜜/p.34参照）…… 10g

焼き加減

ほんのり ── さっくり ── こんがり ★

組み立てのポイント

　バターとはちみつを一緒にカリカリになるまで焼くことで、全粒粉の香ばしさと調和します。加熱するとはちみつ特有のコクのある甘みと風味が増し、シンプルなのに、深い味わいに仕上がります。
　ここでは一般的な百花蜜を使用しましたが、はちみつを使い分けることで、個性的な風味が引き出せます。

3　さらにはちみつをかけて、全体に塗り伸ばす。

作り方

1　全粒粉入り食パンはオーブントースターで焼く。全体がさっくりと色づくまで焼いて表面の水分を飛ばす。

4　再度オーブントースターに入れ、はちみつとバターがふつふつし、全体がこんがりと色づくまで焼く。

2　常温に戻した無塩バターを塗る。

5　食べやすいように4等分に切る。

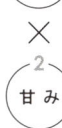

ふわとろはちみつトースト

材料(1組分)
角食パン(4枚切り) ……1枚
無塩バター(常温に戻す) …… 10g
有塩バター(冷蔵) …… 5g
はちみつ(アカシア/p.34参照)
…… 大さじ1～2

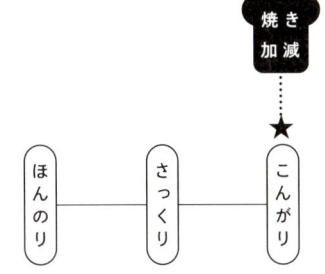

焼き
加減

★

ほんのり ━━ さっくり ━━ こんがり

組み立てのポイント

　1枚の中でさっくりともっちりの異なる食感が楽しめる厚切りトーストに、常温の無塩、冷蔵の有塩、2種のバターを合わせます。無塩バターはパンに塗ってしみ込ませ、コクのベースを作ります。トッピングの冷たい有塩バターは、はちみつの甘みとのコントラストを楽しむため。たっぷりのはちみつは最後にかけて、味わいの変化を楽しみましょう。

作り方

1 角食パンは側面の耳の1cm内側に包丁で切り込みを入れる。切り込みは、底から5mm程度の高さまでで貫通させない。

2 縦2本、横2本の切り込みを等間隔に、切り落とさないように入れる。

3 オーブントースターで焼く。全体にこんがりと焼き色がついたら取り出す。

4 常温に戻した無塩バターを塗り伸ばす。

5 冷蔵の有塩バターを中央にのせる。食べる時にはちみつをかける。

① コク × ② 甘み はちみつトースト

焼き
加減 こんがり ┊ シャリジュワ
コムハニーバタートースト

焼き
加減 こんがりよりの
さっくり

コク甘＆ほろ苦
栗はちみつとナッツのバタートースト

シャリジュワ
コムハニーバタートースト

材料（1枚分）

山食パン（4枚切り）…… 1枚
無塩バター（常温に戻す）…… 10g
コムハニー（p.34参照）…… 60g
粗塩（マルドン/p.43参照）…… 少々

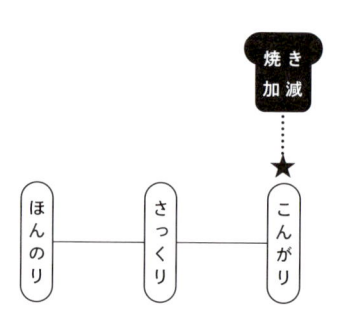

組み立てのポイント

　コムハニーは、ミツバチの巣を丸ごと切り出したもので、はちみつを自然の形のまま味わうことができます。シャリッとしたかたい部分は蜜蝋で、その中にとろりと濃厚なはちみつが詰まっています。蜜蝋はガムのように口に残ることがありますが、パンと一緒に焼いて軽く溶かすとバターの風味となじみ、食べやすくなります。

　トーストの仕上げに大粒の結晶塩を加えることで、蜜蝋のシャリッとした食感が際立つと同時に、クセが和らぎます。サクッと軽い山食パンとの相性も抜群で、とびきり贅沢なはちみつトーストが完成します。

作り方

1 山食パンはオーブントースターで焼く。全体がこんがりと色づいたら取り出す。

2 常温に戻した無塩バターを塗る。

3 コムハニーをのせる。

4 再度オーブントースターに入れ、コムハニーの表面が透き通り、溶けて崩れ始めるまで焼く。

5 粗塩をふりかけ、コムハニーを崩しながら食べる。

1 コク × 2 甘み

コク甘＆ほろ苦
栗はちみつとナッツのバタートースト

作り方

材料（1枚分）
パン・オ・ルヴァン（10mmスライス）
…… 1枚（35g）
無塩発酵バター（冷蔵）…… 15g
ミックスナッツの栗はちみつ漬け※
…… 90g

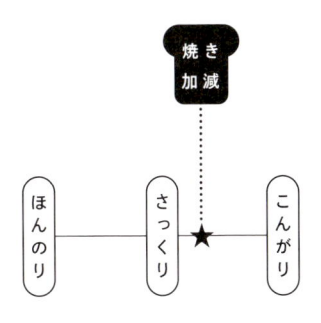

焼き加減

ほんのり ── さっくり ──★── こんがり

組み立てのポイント

　パン・オ・ルヴァンの心地よい酸味と奥深い味わいは、トーストすることで香ばしさがさらに際立ちます。その豊かな香りは、個性豊かな栗のはちみつと絶妙に調和します。さらに、ローストしたナッツを加えることで、より複雑で深みのある味わいに。

　栗のはちみつに漬けたミックスナッツは、それぞれの風味が溶け合い、香ばしさとビターな甘さのハーモニーが楽しめます。パンとはちみつの力強い味わいに負けないよう、発酵バターを使うのもポイントです。

2　斜め半分に切り、粗熱を取る。

作り方

1　パン・オ・ルヴァンはオーブントースターで焼く。全体に濃い焼き色がつき始めたら取り出す。

3　スライスした無塩発酵バターをのせ、皿にのせてから、ミックスナッツの栗はちみつ漬けをのせる。

※ミックスナッツの栗はちみつ漬け

ロースト済みのミックスナッツ（くるみ、アーモンド、ピスタチオ、ピーカンナッツ、マカダミアナッツ、カシューナッツなど好みのもの）を煮沸消毒した保存瓶（p.31参照）に入れ、ナッツが浸かるまで栗のはちみつ（p.34参照）を注ぎ入れる。3日以上漬け込むと香りがなじみ、ナッツがしっとりとしてくる。

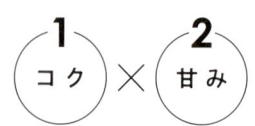

その他の甘味料のトースト

黒蜜バタートースト

メープルバタートースト

材料（1枚分）

角食パン（5枚切り）…… 1枚
有塩バター（常温に戻す）…… 15g
黒蜜 …… 大さじ1

作り方

角食パンは縦横2本ずつ切り込みを入れ、さっくりとトーストする。粗熱を取ってから有塩バターを塗り、黒蜜をかける。

POINT／黒糖ならではのワイルドさと深みのある甘みは、有塩バターを合わせることでみたらし餡のような味わいに。まろやかなコクがあり、余韻が長い。

材料（1枚分）

全粒粉入り食パン（8枚切り）…… 1枚
有塩バター（冷蔵）……15g
メープルシロップ（ダーク/p.35参照）……大さじ1

作り方

全粒粉入り食パンはこんがりとトーストし、縦半分に切る。スライスした有塩バターをのせ、メープルシロップをかける。

POINT／メープルシロップには4段階の等級があり、色の濃さと風味の強さが比例する。こっくりと甘い「ダーク」はキャラメルのような風味が後を引く。有塩バターと合わせると、甘じょっぱさで個性が強調される。

練乳バタートースト

材料（1枚分）
角食パン（4枚切り）…… 1枚
無塩発酵バター（常温に戻す）…… 15g
練乳（加糖）…… 大さじ1

作り方
角食パンは十字に切り込みを入れ、さっくりとトーストする。粗熱を取ってから無塩発酵バターを塗り、練乳をかける。

POINT／練乳はとろりと濃厚なテクスチャーでパンに塗りやすく、味わいの余韻が長い。濃縮したミルクのまろやかな甘みが、発酵バターの香りを引き立てる。

アガベシロップ＆オリーブ油トースト

材料（1個分）
チャバッタ …… 1個（80g）
E.V.オリーブ油 …… 大さじ1/2
アガベシロップ（p.35参照）…… 大さじ1/2

作り方
チャバッタは上下半分に切り、さっくりとトーストする。断面を上にしてE.V.オリーブ油をかけてからアガベシロップをかける。

POINT／アガベシロップははちみつと比べると粘り気がないが、甘みは強い。さらりとした舌触りがオリーブ油と調和する。歯切れのよいチャバッタとの組み合わせが違和感なく楽しめる。

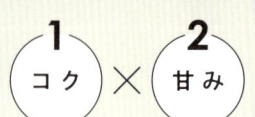

ジャムトースト

旬の果実を凝縮させたジャムは、生食とは違う魅力があります。
甘みと酸味の絶妙なバランスと、ふくよかな香りが、
トーストに新鮮な味わいを添えてくれます。

焼き加減 こんがりよりの さっくり

| ごろごろいちごジャムトースト

コク
×

甘み

ごろごろいちごジャムトースト

材料（1枚分）
角食パン（5枚切り）……1枚
有塩バター（常温に戻す）……10g
いちごジャム※（p.31参照）……50g

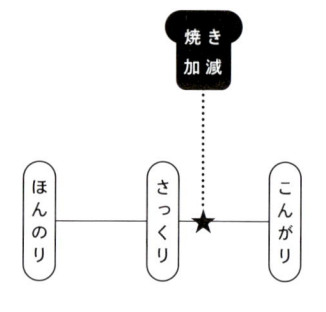
焼き加減

ほんのり ── さっくり ── ★ ── こんがり

組み立てのポイント

　ジャムトーストの定番といえば、やはりいちごジャム。酸味と甘みが凝縮された濃厚な味わいに、鮮やかな色合いとごろっとした果肉感が印象的で、フレッシュないちごよりも強い存在感を放ちます。
　香ばしいトーストには、有塩バターを使い塩味との絶妙なバランスを生み出すのがポイントです。バターが焼きたてのトーストにしみ込むことで、ほのかな塩味が全体を引き締めます。そこにたっぷりのいちごジャムをのせると、甘さと塩味が調和した、濃厚で贅沢な味わいが広がります。

作り方

1　角食パンはオーブントースターで焼く。全体に濃い焼き色がつき始めたら取り出す。

3　いちごジャムをのせる。

2　常温に戻した有塩バターを塗る。

※いちごジャムは、小ぶりないちごで作ると程よい果肉感が楽しめる。半分に切ると、断面からいちごの水分が出てグラニュー糖となじみやすい。

アレンジして

ジャムとバターを合わせたジャムバターの中でもいちごジャムバター（p.33参照）は一番人気。割合や混ぜ具合を変えて、自由にアレンジできる。

つぶつぶブルーベリージャムトースト

材料（1枚分）
全粒粉入り食パン（6枚切り）…… 1枚
無塩発酵バター（冷蔵）…… 20g
ブルーベリージャム※（p.30参照）
…… 50g

組み立てのポイント

　ブルーベリージャムは、上品な甘みと酸味、そして程よい粒感が心地よく、濃厚でありながらすっきりとした余韻が魅力です。深い紫色は抗酸化作用の高いアントシアニンによるもので、健康面でも人気があります。

　濃厚なブルーベリーの味わいは、全粒粉入りのコクのある食パンと絶妙にマッチ。無塩バターを冷たいままたっぷりと添えることで、ミルキーなコクが加わります。噛み締めるたびにパンの香ばしさとブルーベリーのふくよかな風味が調和し、豊かな味わいに変化していきます。

焼き加減

★

ほんのり ― さっくり ― こんがり

作り方

1　全粒粉入り食パンはオーブントースターで焼く。全体がこんがりと色づいたら取り出す。

3　ブルーベリージャムをのせる。

2　半分に切り、粗熱を取ってからスライスした無塩発酵バターをのせる。

※ブルーベリージャムは、冷凍のブルーベリーを使えば年間を通して気軽に作ることができる。ペクチンを使用すると、トーストに適したとろみが付く。

アレンジして

ブルーベリージャムバター（p.33参照）は、しっかりと混ぜ合わせてもブルーベリーの粒感が楽しめる。深みのある色合いも魅力的。

93

スイーツ系スプレッドトースト

1 コク × **2** 甘み

トーストに甘いスプレッドが合うのは、
パンの控えめな甘さとの絶妙なバランスがあってこそ。
朝食はもちろん、おやつにも。濃厚な味わいはまさに「悪魔的なおいしさ」です。

焼き加減 さっくりよりの **こんがり** ｜ 濃厚ショコラトースト

焼き加減 さっくりとこんがりの間 | あんバタートースト

1 コク

×

2 甘み

濃厚ショコラトースト

材料（1枚分）
山食パン（8枚切り）……1枚
ショコラペースト※ …… 40g
アーモンドスライス（ロースト）…… 5g

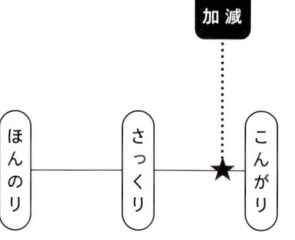

焼き加減

ほんのり ─ さっくり ─ ★ こんがり

組み立てのポイント

　スイーツの王様ともいえるチョコレートは、パンとの相性も抜群で、世界中で愛される組み合わせです。チョコレートに生クリームとバターを加えて作るショコラペーストは、カカオと乳脂肪のリッチな風味が見事に調和した贅沢な味わい。冷蔵庫から出してすぐでもなめらかでやわらかく、パンに塗りやすいので、トーストにぴったりです。

　さらに、チョコレートの濃厚さを引き立てるため、ローストしたアーモンドをトッピング。しっかり焼き色をつけたアーモンドのカリッとした食感が、さっくり焼けたトーストと絶妙に調和し、心地よいアクセントを添えてくれます。

作り方

1　山食パンはオーブントースターで焼く。全体がこんがりと焼ける直前の、白い部分がわずかに残る程度で取り出す。

2　粗熱を取ってからショコラペーストを塗る。

3　アーモンドスライスをのせる。アーモンドスライスはしっかりとローストすると、香ばしさのアクセントが心地よい。

市販のチョコ系スプレッドの代名詞ともいえるヌテラ（p.38参照）は、ヘーゼルナッツとココアの風味が特徴で、親しみやすい味わいです。生クリームとチョコレートで作る濃厚なショコラペーストとは、また違った魅力があります。

※ショコラペースト

材料（作りやすい分量）
生クリーム（乳脂肪分40％）…… 200㎖
ダークチョコレート
（カカオ分60％前後）…… 100g
無塩バター …… 30g
ラム酒 …… 小さじ1

生クリームは鍋に入れ、沸騰直前まで温めたら火を止め、ダークチョコレートを加えて溶かし混ぜる。角切りにした無塩バターを加えて、泡立て器でしっかりと攪拌し乳化させる。ラム酒を加えて混ぜ合わせたら、鍋ごと氷水に当て、混ぜながら粗熱を取る。もったりとしてきたら保存容器に移し、冷蔵庫で保存する。

あんバタートースト

材料（1枚分）
角食パン（4枚切り）……1枚
無塩バター（常温に戻す）…… 8g
有塩バター（冷蔵）…… 8g
粒あん（p.38参照）…… 90g

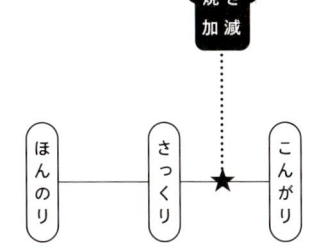

焼き加減

| ほんのり | さっくり | ★ | こんがり |

組み立てのポイント

　日本の甘味を代表する「あんこ」は、和菓子だけでなく、パンとの組み合わせにも深い歴史があります。特に「あんパン」は日本ならではのパンスイーツとして広く愛され、トーストとの組み合わせも定番です。その魅力はバターとの相性にあります。

　あんこは、小豆本来のコクと濃厚な甘みを持ちながら脂質が少ないため、トーストとの調和にはバターが欠かせません。まずは無塩バターを使ってまろやかなコクをプラスし、あんをのせた後、有塩バターをトッピング。甘みと塩味のコントラストが絶妙な、贅沢な味わいが広がります。

2 オーブントースターで焼く。全体がこんがりと焼ける直前の、白い部分がわずかに残る程度で取り出す。

4 粒あんをのせ、全体に広げる。

作り方

1 角食パンは十字に切り込みを入れる。底から5mm程度の高さまでで、切り落とさないようにする。

3 常温に戻した無塩バターを塗る。

5 有塩バターをのせ、粒あんとパンに塗りながら食べる。

加糖ゆであずき（市販品／p.38参照）は、市販のあんこに比べると甘さが控えめで、さらりと軽い味わいです。水分の多さが気になる場合は、軽く煮詰めて、好みのかたさに仕上げましょう。

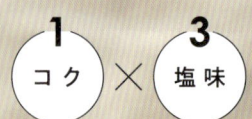

チーズトースト

さっくりと焼けたトーストの上でとろーりとろけるチーズ。
パンもチーズも、加熱によって食感と香りが変化します。
チーズとパンの個性を見極めることが、おいしいチーズトーストを作る第一歩です。

焼き加減 さっくりとこんがりの間

シュレッドチーズの
ミックスチーズトースト

モッツァレラの
糸引きチーズトースト

1 コク × 3 塩味

シュレッドチーズの
ミックスチーズトースト

材料(1枚分)
角食パン(4枚切り) …… 1枚
無塩バター(常温に戻す) …… 10g
シュレッドチーズ※(p.43参照) …… 50g
白こしょう …… 少々

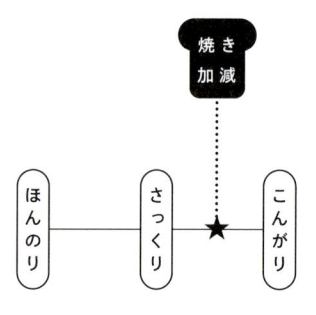

焼き加減

ほんのり	さっくり	★ こんがり

組み立てのポイント

　朝食や軽食として親しまれている「チーズトースト」は、シンプルでありながら奥深い一品です。日本ではピザ用のシュレッドチーズや個包装されたスライスチーズが多く使われ、どちらも加熱に適しており、トーストにぴったりです。

　特別なチーズを使わなくても、焼き方の工夫次第で仕上がりの食感や香りが大きく変わります。たとえば、チーズをのせる前に食パンを軽くトーストし、表面の水分を飛ばす"プレトースト(p.14参照)"を行うことで、チーズを

のせて焼いてもパンがさっくりとした食感を保つことができます。

　さらに、チーズをのせる前にパンに無塩バターを塗ると、焼く時にバターがチーズと一緒に溶けてパン全体に広がり、より豊かな風味を楽しむことができます。チーズの塩味があるため、無塩バターを使うのがポイントです。お好みで、バターの代わりにマヨネーズを塗ってもよいでしょう。程よい調味感でチーズのコクを補い、よりきれいに焼き上げることができます。

※シュレッドチーズ

ミックスチーズとも呼ばれ、その名の通り、複数のチーズがブレンドされている。好みのチーズを自分でシュレッドして組み合わせるのがベストだが、市販品から好みの味を見つけるのが手軽。ここでは、ゴーダ、モッツァレラ、コンテがミックスされたものを使用した。親しみやすい味わいのゴーダ、コクのあるコンテ、モッツァレラのとろーり感がバランスよく味わえる。

作り方

1 角食パンは十字に切り込みを入れる。切り込みは、底から5mm程度の高さまでで切り落とさない。

2 オーブントースターで焼く。表面を乾燥させる程度に軽く焼いて取り出す。

3 無塩バターを塗り、シュレッドチーズをのせる。

4 アルミホイルにのせ、オーブントースターで焼く。シュレッドチーズが溶け、軽く焼き色がついてきたら取り出す。

5 仕上げに白こしょうをふる。

モッツァレラの
糸引きチーズトースト

材料（1枚分）
山食パン（4枚切り）…… 1枚（底面耳付き）
モッツァレラ※（p.42参照）…… 1個（100g）
E.V.オリーブ油 …… 小さじ1
フルール・ド・セル
（カマルグ/p.43参照）…… 少々
白こしょう …… 少々

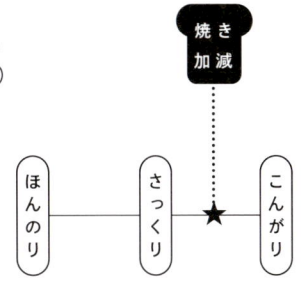

焼き加減

ほんのり ── さっくり ──★── こんがり

組み立てのポイント

　チーズには多くの種類があり、味も香りも、食べ方も、焼いた時の溶け具合も違います。世界でも、地域ごとに好まれるチーズは様々です。

　日本でよく使われるシュレッドチーズは「ピザ用チーズ」とも呼ばれます。前頁で使用したものはモッツァレラと濃厚な旨みや香りの強いチーズをブレンドしたもので、日本で好まれる「チーズらしい」味わいが楽しめるように工夫されています。

　一方、イタリアのピザはモッツァレラが定番で、加熱するととろけてよく伸びる、クセのないあっさりとした風味が特徴です。

　モッツァレラを使ってチーズトーストを作る場合、塩味を加えてミルクの風味を引き立て、パンを香ばしく焼くこと、さらにオリーブ油を加えることでコクをプラスするのがポイントです。モッツァレラの特徴である糸引き感を活かすには、焼きすぎないことも大切です。シンプルだからこそ、こうした細やかな工夫が味に大きく影響します。

※モッツァレラ

チーズの中では塩分量が少なく、あっさりとした味わい。オリーブ油の香りとの相性がよく、塩味を足すことで、ミルクのコクが引き出される。水分量が多いので、パンはあらかじめしっかりと焼いてから合わせるとよい。クセがないのでどんなスパイスも合うが、まずは白こしょうだけで楽しみたい。清涼感のある辛みが心地よいアクセントになる。

作り方

1 山食パンはオーブントースターで焼く。表面が軽く色づく程度にさっくりと焼いて取り出す。

3 アルミホイルにのせ、モッツァレラを手でちぎってのせる。

2 縦半分に切る。

4 フルール・ド・セルと白こしょうをふり、E.V.オリーブ油をかける。

5 オーブントースターで焼く。モッツァレラが溶けて、ふっくらとしてきたら取り出す。

コク × 塩味 チーズトースト

焼き加減 こんがり

シュレッドチーズの
パリパリチーズトースト

ラクレットの
とろ〜リコク旨チーズトースト

シュレッドチーズの
パリパリチーズトースト

材料(1枚分)
角食パン(8枚切り) …… 1枚
無塩バター(常温に戻す) …… 10g
シュレッドチーズ※(p.100参照) …… 35g
黒こしょう(粗挽き) …… 少々

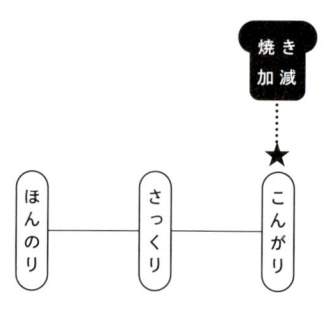

焼き加減

★

ほんのり ── さっくり ── こんがり

組み立てのポイント

角食パンと無塩バターとシュレッドチーズ。同じ組み合わせでも焼き方、焼き加減によって食感も味わいも印象がガラリと変わります。

シュレッドチーズはフライパンでじっくり焼くと水分が飛び、パリパリのせんべい状に仕上がります。食パンは"プレトースト(p.14参照)"をしっかり行い、歯切れのよい食感にするのもポイントです。

さらに、食パンの裏面に無塩バターを塗り、カリカリに焼くことで、表面はパリパリ、裏面はカリカリと、異なる食感が楽しめます。仕上げに黒こしょうをガリガリと挽いてふると、パリパリ、カリカリ、ガリガリといった複雑な食感を持つ、おつまみ感覚のトーストが完成します。

作り方

1 角食パンはオーブントースターで焼く。表面に軽く焼き色がついたら取り出す。

3 シュレッドチーズが焼き固まってきたら、角食パンの表面に無塩バターを塗る。

5 裏側もこんがりと色づくまで焼く。

2 フライパンにまんべんなくシュレッドチーズを入れ、中火にかけて溶かす。ふつふつしてきたら火を弱め、1を入れる。

4 シュレッドチーズが色づいてきたら、裏返す。

6 仕上げに黒こしょうをふる。

ラクレットの
とろーリコク旨チーズトースト

材料（1枚分）

山食パン（8枚切り） ……1枚
ラクレット※（p.43参照） ……3枚（75g）
黒こしょう（粗挽き） …… 少々

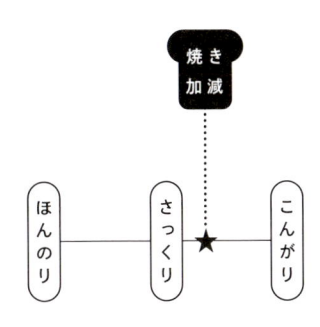

焼き
加減

ほんのり ── さっくり ──★── こんがり

組み立てのポイント

暖炉で溶かしたチーズをパンにかけるシーンは、アルプスを舞台にしたアニメで憧れた方も多いでしょう。そのチーズが「ラクレット」です。アルプス地方で古くから食べられているこのチーズは、フランス語で「削り取る」という意味の「ラクレ」が語源で、濃厚な旨みと焼くことで広がる特有の芳香が特徴です。

ラクレットの個性を最大限に楽しむには、リーンなパンと合わせます。パンに直接のせて焼くと乳脂肪分がしみ込みすぎてしまうため、山食パンを香ばしく焼いた後に、別に溶かしたラクレットをかけるのがおすすめです。こうすることで、とろーりとろけたチーズとパンの香ばしさのコントラストが際立ちます。仕上げには黒こしょうをガリガリとふりましょう。ラクレットの風味を活かしながら全体の味わいが引き締まります。

※ラクレット

フランスやスイスでは家庭でも気軽に楽しむチーズ。溶かして食べるのが基本なので、家庭用の専用グリルの普及率が高く、日本の鍋料理の感覚に近い。

もともとは山の保存食で大型のチーズだが、家庭で使いやすいようにしたスライスタイプも一般的。専用グリルがなくても、フッ素樹脂加工のフライパンで失敗なく溶かせる。

作り方

1 山食パンはオーブントースターで焼く。全体に濃い焼き色がつき始めたら取り出す。

3 フッ素樹脂加工の小さなフライパンにまんべんなくラクレットチーズを並べ、中火にかけて溶かす。

2 半分に切る。

4 ヘラで軽くかき混ぜて全体をなめらかに溶かす。

5 皿に**2**をのせ、溶かしたラクレットチーズをかけ、黒こしょうをふる。

塗る

チーズトースト

クリーム状のフレッシュチーズは、マイルドなミルクのコクが魅力です。
トーストにたっぷり塗って楽しみましょう。
ひとつまみの塩、ひとさじのはちみつで豊かな味わいに。

焼き
加減　こんがり

1
コク　×　**3**
塩味

リコッタとオリーブ油の
イングリッシュマフィントースト

焼き
加減 こんがりよりの
さっくり

1 コク × **2** 甘み × **3** 塩味

マスカルポーネとはちみつの
ブリオッシュトースト

1 コク

×

3 塩味

リコッタとオリーブ油の
イングリッシュマフィントースト

作り方

材料(1組分)

イングリッシュマフィン …… 1個(64g)
リコッタ※(p.42参照) …… 70g
にんにく …… 1/2片
E.V.オリーブ油 …… 小さじ2
塩 …… 少々
白こしょう …… 少々

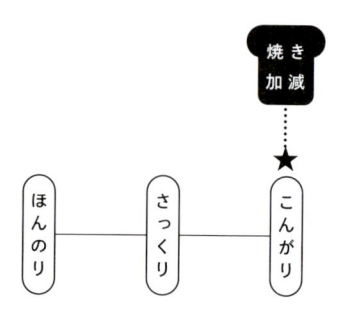

焼き加減

ほんのり — さっくり — こんがり ★

組み立てのポイント

チーズトーストとひと口に言っても、どんなチーズを使うのか、塗るのかのせるのか、そのままか溶かすのかで、味わいは様々です。

クリーム状のフレッシュチーズを活かすなら、パンに塗ってそのまま楽しむのが一番です。

イタリア生まれのリコッタは、乳脂肪分が少なくさっぱりとした味わいが特徴です。さっくりとトーストしたイングリッシュマフィンはクセがなく、その軽やかな食感とリコッタとの相性のよさに驚かされます。ひとつまみの塩と白こしょうを加えることで、リコッタのミルキーな風味が引き出されます。イングリッシュマフィンを焼く前に、にんにくをこすりつけておくのがポイントで、食欲をそそる香りに仕上がります。仕上げのオリーブ油は、豊かな香りとほのかな辛みがアクセントに。シンプルながらも奥深い味わいのトーストが完成します。

※リコッタ

イタリア発祥のフレッシュチーズ。チーズ製造時に出たホエイ(乳清)を再加熱して固めたもので、名前の由来は、再び(ri)煮る(cotta)「二度煮る」ことから。マスカルポーネと比べると低脂肪で、ぼそぼそしている。さっぱりと軽やかな味わいで、ほのかな甘みと酸味が心地よく、食材としても活用しやすい。

作り方

1 イングリッシュマフィンは側面のスリットに沿って手で割り、表面ににんにくの断面をこすりつける。

2 オーブントースターで焼く。表面全体がこんがりと色づいたら取り出す。

3 リコッタを半量ずつ塗り、塩、白こしょうをふる。

4 仕上げにE.V.オリーブ油をかける。

マスカルポーネとはちみつの
ブリオッシュトースト

材料（2枚分）

ブリオッシュ・ナンテール
（20mmスライス/p.11参照）
……2枚（45g/枚）
マスカルポーネ※（p.42参照）
……70g
はちみつ（百花蜜/p.34参照）
……小さじ2
黒こしょう（粗挽き）……少々

焼き加減

ほんのり ── さっくり ──★── こんがり

組み立てのポイント

クリーム状のフレッシュチーズにも、色々な種類があります。

スイーツに使われることの多いマスカルポーネは、乳脂肪分が高くリッチな味わいです。舌触りはなめらかで、クリーミー。トーストに合わせるなら、はちみつをひとさじかけて。自然な甘みが引き立ちます。とびきりリッチな配合のブリオッシュ・ナンテールとの

組み合わせは、バターのコクと相まって、極上のスイーツのよう。ブリオッシュはこんがりと焼くことで、甘みを感じる香ばしさと、特有のさっくりした食感が引き立ちます。

仕上げには、粗く挽いた黒こしょうも忘れずに。甘いけど甘すぎない、大人味に仕上がります。

※マスカルポーネ

リコッタと同様に、イタリア生まれのフレッシュチーズ。日本では、ティラミスに使われるチーズとして人気が広がり、国内でも多く作られている。乳脂肪のコクとほのかな甘みが調和したなめらかなペースト状で、塩分量が少ない。酸味も穏やかでパンによく合う。はちみつとの相性がよく、甘系のパン用チーズスプレッドのベースとして活用しやすい。フルーツサンドイッチ用のクリームとしてもおすすめ。

作り方

1 ブリオッシュ・ナンテールはオーブントースターで焼く。全体に濃い焼き色がつき始めたら取り出す。

3 はちみつを半量ずつかける。

2 粗熱を取ってからマスカルポーネを半量ずつ塗る。

4 仕上げに黒こしょうをふる。

のせる
チーズトースト

ソフトタイプのチーズはトーストにそのままのせて、
まずは繊細な風味を楽しみましょう。
はちみつの甘みを添えると、チーズの個性が一層引き立ち、パンとの調和が楽しめます。

焼き
加減 **さっくり**

 **1** コク ×  **2** 甘み ×  **3** 塩味

セル・シュール・シェールとはちみつの
タルティーヌ

1 コク × **2** 甘み × **3** 塩味

カマンベールとはちみつの
レーズン食パントースト

セル・シュール・シェールとはちみつの

タルティーヌ

1 コク × 2 甘み × 3 塩味

材料(1枚分)

パン・ド・カンパーニュ(12mmスライス)
…… 1枚(25g)

セル・シュール・シェール※(p.42参照)
…… 1/4個(100g)

はちみつ(ラベンダー/p.34参照) …… 少々

焼き加減

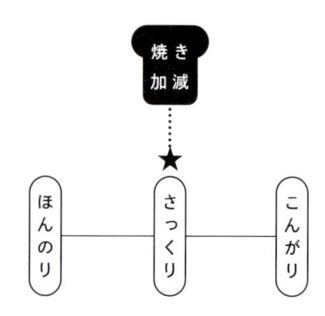

★

ほんのり ── さっくり ── こんがり

組み立てのポイント

チーズとはちみつの相性のよさは知っていても、チーズトーストを作る時に、はちみつの種類までを掘り下げる機会は少ないかもしれません。

チーズには様々なタイプや味わいがあるように、自然の恵みであるはちみつにも個性があります。特に、1種類の花から集められた単花蜜からは特徴的な香りや味わいがはっきりと感じられます。チーズとはちみつの相性がぴったり合うと、それぞれの個性が調和し、より魅力的な味わいを生み出します。

ラベンダーのはちみつは、ハーブらしい清涼感と上品な甘みを持ち、桜の葉の塩漬けのような特有の芳香は、他の食材と合わせることでその魅力を発揮します。

シェーブル(山羊乳)チーズは独特の風味や酸味が強く、そのままだと好みが分かれがちですが、ラベンダーのはちみつを合わせると印象が一変します。シェーブルチーズならではのフレッシュな酸味が引き立ち、まろやかな甘みとの対比が魅力的に、クセのある香りがやわらぎ、後味の余韻が心地よいものに変化します。

この繊細な味わいを楽しむためには、シンプルで軽やかなパンを選ぶとよいでしょう。シェーブルチーズがちょっと苦手、という方にこそ、ぜひ試していただきたい組み合わせです。

※セル・シュール・シェール

フランス・ロワール地方で作られる伝統的なシェーブル(山羊乳)チーズ。山羊は春の訪れとともに子を産むため、ミルクを出す春から夏にかけてが旬。フレッシュなものはさわやかな酸味があり、口の中でほぐれるほろっとした食感。熟成が進むと引き締まり、味わいにコクが出る。ロワールはシェーブルチーズの一大産地で、筒形、ピラミッド形、小判形などユニークな形がある。手に入りやすいもので代用してもよい。

作り方

1 パン・ド・カンパーニュはオーブントースターで焼く。全体が薄く色づきさっくりと焼けたら取り出す。

2 半分に切る。

3 セル・シュール・シェールは4等分に切り、2に2切れずつのせる。

4 仕上げにはちみつをかける。

アレンジして

シェーブルチーズは焼いてもおいしい。パンにのせて焼き、サラダに合わせるのはフランスの定番メニュー。

1 コク × 2 甘み × 3 塩味

カマンベールとはちみつの
レーズン食パントースト

材料（2枚分）

レーズン食パン（20mmスライス）
…… 2枚（32g/枚）
カマンベール※（p.42参照）
…… 1個（100g）
はちみつ（白い百花蜜/p.34参照）
…… 小さじ2
くるみ（ロースト） …… 10g

焼き加減

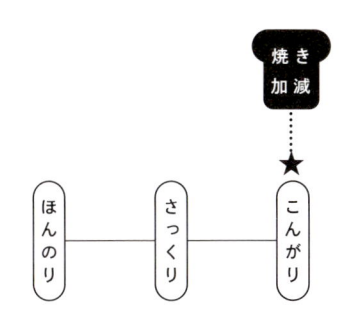

★

| ほんのり | さっくり | こんがり |

組み立てのポイント

　はちみつには、1種類の花から採れる「単花蜜」と、複数種の花から集められる「百花蜜」があります。

　百花蜜は、その季節に咲く花々が自然にブレンドされたもので、重層的で複雑な味わいが魅力です。はちみつは色合いも質感も様々で、透明感のあるさらりとしたものは、味わいもさっぱり。茶色のものはミネラルが豊富で、濃厚で個性的な味わい。また、不透明で白っぽいのは結晶化したものです。はちみつは気温が下がると、ジャリジャリと固まってしまいますが、クリーム状のものもあります。これは、細かく結晶化させることでなめらかな状態

に仕上げたもので、クリーミーな舌触りが楽しめます。

　ここでは、野生のハーブを蜜源とするクリーム状の百花蜜を、とろりとなめらかなカマンベールに合わせてみました。日本でも人気が高いカマンベールは、ソフトタイプのチーズの代表格。清涼感あるまろやかな甘みのはちみつと合わせることで、ミルクのコクが引き立ち、味に深みが出ます。

　レーズン入りのパンの自然な甘みと酸味、トッピングのくるみの香ばしさとのコントラストが心地よく、ひと口ごとに自然のおいしさが楽しめます。

※カマンベール

フランス・ノルマンディー地方のカマンベール村発祥の白カビチーズ。本場の熟成タイプのものは、表面の白カビがたんぱく質を分解することで風味が強まり、中がとろりとなめらかになる。熟成は外皮から内側に進むので、場所により熟成度が異なる。白カビチーズを放射状に切るのは、熟成度が違う部分を均等に切り分けるため。
ここでは ロングライフタイプの国産品を使用しており、熟成による変化はないが、放射状に切ると外皮と中身が均等になる。

作り方

1 カマンベールは、放射状に12等分に切る。

2 レーズン食パンはオーブントースターで焼く。表面全体がこんがりと色づいたら取り出す。

3 カマンベールを半量ずつのせ、はちみつを半量ずつかける。

4 仕上げに粗く刻んだくるみをのせる。

アレンジして

カマンベールはパンと一緒にトーストすると、とろーりとろけて濃厚な味わいに。はちみつは後からかけて、繊細な風味を楽しんで。

アレンジ

チーズトースト

そのままでも溶かしても、どちらもおいしいチーズだからこそ
組み合わせにこだわりましょう。
ほんの少しのアクセントで、それぞれの味わいが引き立ちます。

焼き
加減　こんがりよりの
さっくり

1 コク × **3** 塩味

モッツァレラとバジルの
タルティーヌ

1 コク × 2 甘み × 3 塩味 ┆ モッツァレラとアンチョビの
プルアパートトースト

1 コク × 3 塩味

モッツァレラとバジルの
タルティーヌ

材料(1本分)

ミニバゲット …… 1本(100g)
モッツァレラ(p.42参照) …… 1個(100g)
E.V.オリーブ油 …… 大さじ1
バジル …… 3〜4枚
にんにく …… 1/2片
フルール・ド・セル
(カマルグ/p.43参照) …… 少々
白こしょう …… 少々

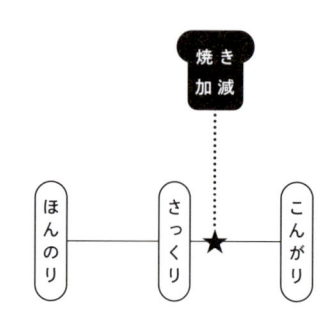

焼き加減

ほんのり ── さっくり ──★── こんがり

組み立てのポイント

新鮮なモッツァレラは、みずみずしくフレッシュな味わいが特徴で、適度な塩味を加えることでミルクの甘みが際立ちます。パンにのせる際は包丁で切るのではなく、手でちぎるのがポイントです。表面をちぎることで中が繊維状にほぐれ、でこぼこした表面に味がからみやすく、モッツァレラの食感が一層引き立ちます。

代表的なメニューであるカプレーゼは、トマトとバジルを合わせますが、トーストにのせるなら、トマトはなくても大丈夫。バジルの香りを添えるだけで、十分にそのおいしさを楽しめます。

アクセント

バジル×白こしょう

相性のよいバジルを添えることで、モッツァレラのフレッシュ感が引き立つ。白こしょうの清涼感ある辛みとのバランスもよく、サラダのような味わいに。

作り方

1 バゲットは真横から半分に切る。

3 オーブントースターで焼く。全体に濃い焼き色がつき始めたら取り出す。

5 3に4をのせ、フルール・ド・セル、白こしょうをふる。

2 断面ににんにくの断面をこすりつける。

4 モッツァレラは一口大に手でちぎる。

6 E.V.オリーブ油をかけ、バジルの葉を手でちぎってのせる。

1 コク
×
2 甘み
×
3 塩味

モッツァレラとアンチョビの
プルアパートトースト

材料(1個分)
角食パン……1/2斤(底面耳付き)
モッツァレラ※(p.42参照)
……1個(100g)
E.V.オリーブ油 …… 大さじ1
アンチョビ …… 2枚
はちみつ(アカシア/p.34参照)
…… 小さじ1〜2
黒こしょう(粗挽き) …… 少々

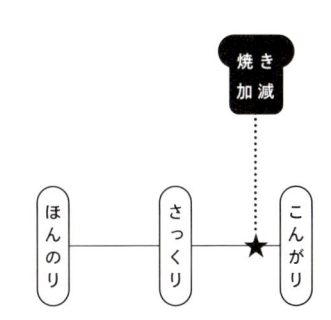

焼き加減

| ほんのり | さっくり | こんがり★ |

組み立てのポイント

海外のSNSで人気を集めたプルアパートブレッド(Pull apart bread)をトーストでアレンジ。切り込みを入れて焼くことで、手で引きちぎって食べられます。本来は大きな田舎パンで作られますが、厚切りの食パンなら気軽に楽しめます。

モッツァレラはフレッシュ(非熟成)タイプのチーズで、水分が多く日持ちがしませんが、だからこそみずみずしさがあります。塩分が少なく、あっさり軽やかな味わいや、焼いて溶かした時の糸引き感も持ち味です。

ハード・セミハード系チーズのような濃厚さがないからこそ、どんな食材とも相性がよく、少しの工夫で味わいに変化を与えることができます。

アンチョビは、モッツァレラに不足している塩味と旨みを補うのに適した食材です。さらに、仕上げに加えるはちみつが、アンチョビの塩味と調和し、全体のバランスを引き立てます。

アクセント

アンチョビ×黒こしょう
カタクチイワシを塩漬けにしたアンチョビは、少量でも味の個性を添える。粗く挽いた黒こしょうのガリッとした食感、力強い辛みや香りと合う。

作り方

1 角食パンは等間隔に縦・横3本ずつ、底から5mm程度の高さまで包丁で切り込みを入れる。

3 E.V.オリーブ油の半量をかけ、モッツァレラを手でちぎって切り込みに入れ、刻んだアンチョビをのせる。

5 表面に焼き色がつき、モッツァレラがふっくらと溶けるまでオーブントースターで焼く。

2 オーブントースターで下焼きする。表面が軽く色づく程度で取り出す。

4 アルミホイルにのせ、残りのE.V.オリーブ油をかけてから黒こしょうをふる。

6 仕上げにはちみつをかけ、手でちぎりながら食べる。

117

①コク × ②甘み × ③塩味 焼かないチーズトーストアレンジ

マスカルポーネ + あんずジャムトースト

ブリー + バルサミコいちごジャムトースト

材料（1本分）
ソフトフランスパン …… 1本(55g)
マスカルポーネ …… 60g
あんずジャム(p.30参照) …… 50g

作り方
ソフトフランスパンは真横から半分に切り、軽く色づく程度までオーブントースターで焼く。マスカルポーネを塗り、あんずジャムをのせる。

POINT／ミルキーな甘みのあるマスカルポーネと甘酸っぱいあんずジャムの組み合わせは、これだけでスイーツのよう。生ハムをプラスして味わいにコントラストをつけてもよい。

材料（1枚分）
パン・ド・カンパーニュ(12mmスライス) …… 1枚(25g)
無塩バター(常温に戻す) …… 6g
ブリー(p.42参照) …… 40g
バルサミコいちごジャム
(p.31参照／レモン果汁をバルサミコ酢に置き換える) …… 45g
黒こしょう(粗挽き) …… 少々

作り方
パン・オ・ルヴァンは軽く色づく程度までオーブントースターで焼き、半分に切る。無塩バターを塗り、ひと口大に切ったブリーをのせてから、バルサミコいちごジャムをのせ、黒こしょうをふる。

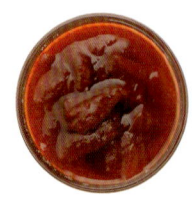

POINT／バルサミコ酢を使ったいちごジャムは、深みのある味わいでチーズに合う。黒こしょうのアクセントも絶妙。

クリームチーズ +
オレンジマーマレードトースト

ブルードーヴェルニュ +
ブルーベリージャムトースト

材料（1枚分）
全粒粉入り食パン（10枚切り）…… 1枚
クリームチーズ …… 30g
オレンジマーマレード（市販品）…… 35g

作り方
全粒粉入り食パンは全体がこんがり色づくまでオーブントースターで焼き、4等分に切る。クリームチーズを塗り、オレンジマーマレードをのせる。

POINT／さわやかな酸味のクリームチーズは、柑橘との相性が抜群。シンプルな組み合わせだからこそ、全粒粉入り食パンの香ばしさが引き立つ。

材料（1枚分）
くるみ入り田舎パン（12㎜スライス）…… 1枚（30g）
無塩バター …… 6g
ブルードーヴェルニュ（p.42参照）…… 10g
ブルーベリージャム（p.30参照）…… 30g

作り方
くるみ入り田舎パンは軽く色づく程度までオーブントースターで焼き、半分に切る。無塩バターを塗り、小さく切ったブルードーヴェルニュをのせてから、ブルーベリージャムをのせる。

POINT／ブルーチーズ特有の香りと塩味は、甘みを合わせることで食べやすくなる。くるみの香ばしさのアクセントも絶妙で、奥行きのある味わいに。

03

料理系

トースト

シンプル卵トースト

焼いてからのせる

ハムと卵。朝食の定番のおかずをトーストにのせるだけですが、バターとオリーブ油のダブル使いがポイントです。バターは有塩を使うことでプレーンなトーストにしっかりと味が付き、卵の調味料代わりにもなります。ハムエッグの仕上げにオリーブ油の香りを添えることでコクが出ます。油脂の個性を活かして組み合わせることで、パンと食材、それぞれの風味が増し、満足度の高い味わいに仕上がります。

ハムエッグトースト

材料（1枚分）

角食パン（6枚切り）…… 1枚
有塩バター …… 10g
ももハム …… 35g
卵 …… 1個
E.V.オリーブ油 …… 小さじ1
塩 …… 少々
白こしょう …… 少々
黒こしょう（粗挽き）…… 少々

作り方

1 角食パンはオーブントースターで焼く。全体がこんがりと色づいたら取り出す。

2 有塩バターを塗り、角食パンの余熱でじんわり溶かしておく。

3 ももハムはフライパンで両面をさっと焼く。

4 ももハムに白こしょうをふり、間に卵を割り入れる。

5 フライパンのふちから熱湯を大さじ1入れ、ふたをして焼く。

6 卵の白身が固まったら、まわりにE.V.オリーブ油をかけて一瞬だけ火を強めてすぐに止め、2の上にのせて、塩、黒こしょうをふる。

組み立てのポイント

　ハムエッグはシンプルだからこそ、こしょうを使い分けると素材の味わいが引き立ちます。ハムには白こしょうをふると、清涼感ある辛みで肉の繊細な風味が活きます。黒こしょうは仕上げのアクセントにすると、トーストの香ばしさと調和します。

シンプル卵トースト

> **のせてから焼く**

食パンに卵をのせて焼くのなら、食材で土手を作るか、パンをくり抜いてくぼみを作って卵が流れないようにしなくてはなりません。一番手軽なのはマヨネーズで土手を作る方法です。軽く焼き固まったマヨネーズのコクと香りが、パンと卵を調和させます。

ベーコンエッグマヨトースト

材料(1枚分)
角食パン(4枚切り) …… 1枚
卵 …… 1個
マヨネーズ …… 25g
ベーコン …… 1枚
塩 …… 少々
黒こしょう(粗挽き) …… 少々

作り方

1 ベーコンは半分に切り、フライ
パンで両面を軽く焼く。そのま
まパンと焼いてもよいが、別で
焼いたほうが香りよく仕上がる。

2 角食パンはオーブントースター
焼く。表面が乾燥し、薄く色づ
いたら取り出す。

3 アルミホイルにのせ、耳の内側
にマヨネーズをしぼる。

4 1をのせ、マヨネーズの内側に
卵を割り入れる。

5 オーブントースターに入れ、卵
の白身が固まり、全体に焼き色
がつくまで焼く。

6 卵の上に塩、黒こしょうをふる。

組み立てのポイント

　マヨネーズは3重くらいの高さを
出すようにしぼると、中に入れた卵
が流れにくいです。
　卵に火が入りにくい場合は、予熱
したオーブントースターの庫内に入
れ、すぐに霧吹きをして閉じて焼く
とよいです。耳が焦げそうな場合は、
マヨネーズにつかないようにアルミ
ホイルでふんわりとくるみましょう。

シンプル卵トースト

一緒に焼く

韓国で人気の"ワンパントースト（원팬토스트）"は、その名の通り、1つのフライパンで作るトーストサンドイッチです。卵と一緒にパンを焼き、フライパンの中でサンドイッチにしてしまうという、作るのも楽しい一品で、甘じょっぱさがクセになります。トーストの基本食材である、バター、ジャム、卵、ハム、チーズが全て使われており、複合的なおいしさが楽しめます。

ワンパントースト

材料（1枚分）

角食パン（6枚切り）……1枚
卵 …… 2個
マヨネーズ …… 10g
牛乳 …… 20g
無塩バター …… 10g
ロースハム …… 2枚（30g）
スライスチーズ（p.43参照）…… 2枚（30g）
いちごジャム（p.31参照）…… 15g
塩・白こしょう…… 各少々

作り方

1 角食パンは半分に切り、フライパンで両面に軽く焼き色がつく程度に焼く。

2 ボウルに卵を割り入れて溶きほぐし、マヨネーズ、牛乳、塩、白こしょうを加えてよく混ぜる。

3 フライパンを中火にかけ、無塩バターを入れて溶かす。2を流し込み全体に広げ、1の片面に卵液をつけてから裏返して中央に置く。

4 卵液が焼き固まってきたら角食パンごと裏返す。角食パンの片方に半分に切ったスライスチーズをのせてからいちごジャムを塗る。もう一方には半分に切ったロースハムをのせ、白こしょうをふる。

5 フライパン側の角食パンが焼け、スライスチーズが溶けてきたら、卵を角食パンの上に折り、いちごジャムとハムの面を合わせる。

6 食べやすいよう、半分に切る。好みでいちごジャム（分量外）を添えて食べる。

| アレンジして | **モンテ・クリスト・サンドイッチ** |

北米の「モンテ・クリスト・サンドイッチ」はハムチーズサンド×フレンチトーストのハイブリッドメニューで、粉糖をかけ、ジャムを添えるのが定番。ワンパントーストは、これが韓国風にアレンジされている。

シンプル卵トースト

> 浸して焼く

塩味フレンチトーストの進化系。角食パン1/2斤で大胆に作るおつまみフレンチトーストは、チーズとベーコンのコクと塩味が絶妙で、耳の香ばしさと中身のしっとり感のコントラストが絶妙です。チーズにこだわるととびきり贅沢な味わいに仕上がります。

カルボナーラトースト

材料（1個分）

角食パン……1/2斤（底面耳付き）
ペコリーノ・ロマーノ※（すりおろす/p.43参照）
…… 大さじ2
ベーコン（短冊切り）…… 25g
E.V.オリーブ油 …… 大さじ1
黒こしょう（粗挽き）……少々
塩味フレンチトースト液
　卵 …… 1個
　牛乳 …… 80㎖
　塩 ………… 少々
　白こしょう …… 少々

※チーズはパルミジャーノ・レッジャーノや粉チーズでも代用できます。

作り方

1 塩味フレンチトースト液を作る。ボウルに卵を入れて溶きほぐし、牛乳を加え、塩、白こしょう少々で味を調える。

2 ベーコンはフライパンで軽く炒めてザルに上げ、余分な脂を落とす。

3 角食パンは断面を上にして、耳の1㎝内側にぐるりと切り込みを入れる。

4 切り込みに手を入れ、底面から中の生地を引きはがすようにして中身を取り出し、耳と中身に分ける。

5 中身は一口大に切り、オーブントースターで軽く色づくまで焼く。

6 ボウルに5を入れ、1を加えて全体を混ぜ、卵液を吸い込ませてから、ペコリーノ・ロマーノと2を加えて混ぜ合わせる。

7 4の角食パンの耳に詰め、黒こしょうをふり、E.V.オリーブ油をまわしかける。

8 アルミホイルにのせ、180℃のオーブントースターで約20分、全体がこんがりと色づくまで焼く。焦げそうになったらアルミホイルで包む。

9 仕上げにペコリーノ・ロマーノ（分量外）をすりおろしてかける。

食べ方

耳の部分は手で割って、中の味がしみた部分と交互に食べる。カリカリの耳としっとりとした中身のコントラストを楽しみたい。

シンプル卵トースト　イングリッシュマフィンで

焼いてからのせる

スクランブルエッグトースト

香ばしく焼いたイングリッシュマフィンには、たっぷりとバターを塗るのがポイントです。はちみつの隠し味も効果的で、パンの風味を引き立てて、スクランブルエッグの味わいと調和します。さっくり焼けたイングリッシュマフィンと、とろりとしたスクランブルエッグの食感のコントラストを楽しむために、できたてをいただきましょう。

材料（1個分）
イングリッシュマフィン……1個
無塩バター … 20g
はちみつ …… 小さじ1/2
ディル …… 少々
白こしょう …… 少々
スクランブルエッグ
　卵 …… 2個
　マヨネーズ …… 10g
　牛乳 …… 10g
　塩 …… 少々
　白こしょう …… 少々

作り方
1. イングリッシュマフィンは上下半分に割り、全体に焼き色がつくまでトーストする。無塩バター10gを半量ずつ塗り、はちみつを半量ずつかける。
2. スクランブルエッグを作る。ボウルに卵を割り入れて溶きほぐし、マヨネーズ、牛乳、塩、白こしょうを加えてよく混ぜる。
3. フライパンを中火にかけ、残りの無塩バターを入れる。無塩バターが溶けたら2を流し入れ、木べらでゆっくりかき混ぜながら火を入れる。
4. 1に半量ずつのせ、白こしょうをふり、ディルをのせる。

しみ込ませる

塩味フレンチトースト

イングリッシュマフィンのおいしさは特有の食感にあります。あらかじめ軽く焼いて乾燥させると卵液を程よく吸い込みます。ざっくり粗い生地だからこそ、卵液に浸してもパンの食感が残り、その個性を活かせます。
パルメザンパウダーをたっぷりまぶすことで旨みと塩味のバランスが整い、バターで焼くことで風味よく仕上がります。

材料（1個分）
イングリッシュマフィン …… 1個
無塩バター …… 10g
パルメザンパウダー(p.43参照) …… 大さじ2
塩味フレンチトースト液(p.129参照)
……1/2量

作り方
1. イングリッシュマフィンは上下半分に割り、表面を軽く乾燥させる程度にトーストする。
2. 塩味フレンチトースト液に浸してしみ込ませ、表面にパルメザンパウダーをまぶしつける。
3. フライパンに無塩バターの半量を入れて中火にかけ、無塩バターが溶けたら2を入れて焼く。焼き色がついたら裏返し、残りの無塩バターを加えて、両面がこんがりと色づくまで焼く。
4. 仕上げにパルメザンパウダー(分量外)をふる。

ピ ザ ト ー ス ト

昭和の喫茶店のピザトーストをイメージしたちょっとレトロな組み合わせです。山食パンは具を
のせる前にあらかじめ下焼き（プレトースト／p.14参照）するのがポイントです。具だくさんでも
パンが沈まず、歯切れよく仕上がります。また、チーズを2回に分けてのせることで、ソースと
食材がしっかりと重なり、味わいも調和します。

レトロピザトースト

材料（1枚分）

山食パン（4枚切り）…… 1枚
ピザ用ソース※ …… 50g
シュレッドチーズ（p.43参照）…… 30g
サラミ（スライス）…… 5枚（20g）
マッシュルーム（水煮・スライス）
…… 15g
ピーマン（輪切り）…… 1個
たまねぎ（スライス）…… 10g
イタリアンパセリ（ドライ）…… 少々
タバスコ（好みで）…… 少々

作り方

1 山食パンはオーブントースターで焼く。表面が乾燥し、薄く色づく程度に焼いたら取り出す。

4 サラミ、マッシュルーム、たまねぎ、ピーマンをのせ、残りのシュレッドチーズをのせる。

2 アルミホイルにのせ、ピザ用ソースを塗る。

5 オーブントースターで焼く。チーズが溶けてきたら取り出す。

3 シュレッドチーズの半量をのせる。

6 3等分に切り、イタリアンパセリをかける。食べる時に、好みでタバスコをかける。

※ ピザ用ソース

材料（作りやすい分量）

あらごしトマト＊（市販品）…… 380g
たまねぎ（みじん切り）…… 150g
E.V.オリーブ油 …… 大さじ1
にんにく …… 1/2片
ローリエ …… 1枚
オレガノ（ドライ）…… 小さじ1/2
塩 …… 4g
白こしょう …… 少々
はちみつ …… 10g

＊カットトマトでも可。ブレンダーでなめらかにして使うとよい。

作り方

1 鍋にE.V.オリーブ油とつぶしたにんにくを入れ香りが出るまで炒めたら、たまねぎを加えてしんなりするまで炒める。

2 あらごしトマト、ローリエ、オレガノ、塩、白こしょうを加えて中火にかける。沸騰したら火を弱めて約5分、軽く煮詰める。最後にはちみつを加える。

グラタントースト

バターと牛乳と小麦粉から作られるベシャメルソースが、パンに合わないわけがありません。ミルクの風味が活きたやさしい味わいのソースは、チーズを合わせることで料理としての完成度が高まります。食パンはバターを塗ってからベシャメルソースを合わせることでコクが増し、穏やかな中にも深みがある味わいに仕上がります。

エビとブロッコリーのグラタントースト

材料（1枚分）

角食パン（6枚切り）…… 1枚
無塩バター（常温に戻す）…… 5g
ベシャメルソース※ …… 30g
シュレッドチーズ（p.43参照）…… 30g
ボイルむきえび…… 8尾（40g）
ブロッコリー（小房に分けて塩ゆで）…… 35g
たまねぎ（スライス）…… 10g
白こしょう…… 少々
イタリアンパセリ（ドライ）…… 少々

作り方

1 角食パンをオーブントースターで焼く。表面が乾燥し、薄く色づいたら取り出す。

4 シュレッドチーズをのせる。

2 1に十字に切り込みを入れ、無塩バターを塗り、さらにベシャメルソースを塗り重ねる。

5 アルミホイルにのせ、オーブントースターで焼く。チーズが溶けたら取り出す。

3 食べやすいように、たまねぎ、ブロッコリー、むきえびを1/4ずつのせる。

6 仕上げに白こしょうをふり、イタリアンパセリをかける。

※ ベシャメルソース

材料（作りやすい分量）

牛乳 …… 500㎖
薄力粉 …… 40g
無塩バター …… 40g
ナツメグ …… 少々
塩 …… 小さじ1/3
白こしょう …… 少々

＊バターと炒めた小麦粉のコク、牛乳のやさしい味わいは手作りならでは。バター：小麦粉：牛乳＝1：1：10の配合が基本だが、ここでは牛乳を増やして軽めにしている。

作り方

1 無塩バターを鍋に入れて弱めの中火で溶かし、薄力粉をふるい入れて炒める。小麦粉に火が入りさらりとしてきたら牛乳を3回に分けて加え、よく混ぜながら加熱する。

2 とろみが付いてきたら火を止め、塩、白こしょう、ナツメグを加えて味を調える。ボウルに移し、落としラップをして、ボウルごと氷水に当てて急冷する。

ピザ系トースト

じゃこピザトースト

ロマーナ風ピザトースト

材料(1枚分)
山食パン(6枚切り) ……1枚
マヨネーズ……7g
スライスチーズ(p.43参照) ……2枚(38g)
ちりめんじゃこ ……5g
青じそ…… 1/2枚
ばらのり …… 少々
炒りごま(金/白でも可) …… 少々
焙煎ごま油……小さじ1/2

作り方

1. 山食パンは表面が乾燥する程度に軽くトーストする。

2. マヨネーズを塗り、スライスチーズをのせてからちりめんじゃこをのせ、オーブントースターで焼く。チーズが溶け、全体に焼き色がついたら取り出す。

3. 仕上げに焙煎ごま油をかけて、せん切りにした青じそ、ばらのり、炒りごまをトッピングする。

POINT／和風の味わいが新鮮なあっさり味のピザトースト。青じその清涼感、のりの豊かな風味、ごまの香ばしさが絶妙なバランスで調和する。

材料(1枚分)
クロワッサン食パン(小型・25mmスライス/p.11参照) ……1枚(80g)
ピザ用ソース(p.133参照) …… 50g
モッツァレラ(p.42参照) …… 1/2個(50g)
アンチョビ …… 27g(2枚)
E.V.オリーブ油 …… 小さじ1
オレガノ(ドライ) …… 少々

作り方

1. クロワッサン食パンは表面が乾燥する程度に軽くトーストする。

2. ピザ用ソースを塗り、手で小さくちぎったモッツァレラを全体にのせてから、小さく刻んだアンチョビをのせる。

3. アルミホイルにのせ、オーブントースターで焼く。チーズが溶け、全体に焼き色がついたら取り出す。

4. 仕上げにE.V.オリーブ油をかけ、オレガノをふる。

POINT／ピザ用ソースとモッツァレラとアンチョビに、オレガノの香りがアクセント。じゃこピザトーストと同様にシンプルな組み合わせだが、サクサクのクロワッサン食パンに合わせることで贅沢な味わいに。

グラタン・キッシュ系トースト

クロック・ムッシュ風トースト

食パンキッシュ

材料（1枚分）
クロワッサン食パン（小型・25mmスライス/p.11参照）
…… 1枚（底面耳付き・80g）
ベシャメルソース（p.135参照）…… 45g
たまねぎ（スライス・電子レンジで加熱※）…… 10g
ももハム …… 1枚（20g）
シュレッドチーズ（p.43参照）………… 25g
白こしょう ………… 少々
※ボウルに入れてふんわりとラップをし、600Wの電子レンジで1分加熱する。

作り方
1. クロワッサン食パンは表面が乾燥する程度に軽くトーストする。
2. ももハムは短冊切りにし、たまねぎとベシャメルソースと混ぜ合わせる。
3. 1に2を塗り、シュレッドチーズをのせる。
4. アルミホイルにのせ、オーブントースターで焼く。チーズが溶け、全体に焼き色がついたら取り出す。
5. 仕上げに白こしょうをふり、縦半分に切る。

POINT／バターが香るデニッシュ食パンとベシャメルソースは相性抜群。クロワッサンを水平に切り、断面を上にしたもので同様に作ってもよい。

材料（1個分）
全粒粉入り食パン
…… 1/2斤（底面耳付き）
卵 …… 1個
生クリーム …… 100㎖
じゃがいも（小）…… 1個（80g）
たまねぎ（スライス・電子レンジで加熱※）
…… 35g

ももハム（短冊切り）…… 1枚（20g）
シュレッドチーズ（p.43参照）…… 50g
塩 …… 少々
白こしょう …… 少々
ナツメグ …… 少々
イタリアンパセリ（みじん切り）
…… 少々

作り方
1. 全粒粉入り食パンはp.129の作り方3、4と同様に中身を取り出す。中身は半分の厚さに切ってから角切りにして、軽く色づくまでトーストする。
2. 卵と生クリームをボウルに入れ、塩、白こしょう、ナツメグを加えて泡立て器で混ぜ合わせる。1の中身を加え、卵液を吸い込ませる。
3. じゃがいもは皮ごと水で濡らしたペーパータオルで包んでからラップをし、600Wの電子レンジで5分加熱後、皮をむいて5mmにスライスする。ももハム、たまねぎとボウルに合わせ、軽く塩、白こしょうをふる。
4. 3とシュレッドチーズの1/4量を軽く混ぜ合わせ、1の食パンの皮に入れる。次に、2と残りのシュレッドチーズの半量を軽く合わせてから食パンの皮に入れ、最後に残りのシュレッドチーズをのせる。180℃に予熱したオーブントースターで、チーズが溶けてこんがりと焼き色がつくまで18〜20分焼く。仕上がりにイタリアンパセリをかける。

生野菜トースト

生野菜をたっぷりのせたサラダ感覚のトーストは、パンと野菜の食感、味わいのコントラストが魅力。油脂の使い方がおいしさを左右します。

カラフルトマトトースト

にんにくとオリーブ油で、いつものトーストがブルスケッタ風に。さっくり焼けたトーストとジューシーなミニトマトの組み合わせは、対極にある食感、味わいだからこそ、互いの個性を引き立て合います。

材料(1枚分)
山食パン(6枚切り) …… 1枚
カラフルミニトマト(赤、黄色、緑)
…… 5個(60g)
にんにく …… 1/2片
E.V.オリーブ油 …… 小さじ2
はちみつ …… 小さじ1/2
オレガノ(ドライ) …… 少々
塩 …… 少々
白こしょう …… 少々

作り方
1. ミニトマトは横から3〜4等分に切る。
2. 山食パンは表面ににんにくの断面をこすりつけてから、全体がこんがりと色づくまでトーストする。
3. E.V.オリーブ油の半量をかけてから1をのせ、塩、白こしょうをふり、仕上げに残りのE.V.オリーブ油、はちみつ、オレガノをかける。

ゴーヤートースト

キリッとしたゴーヤーの苦みと、全粒粉入りパンの香ばしさに、ごま油の豊かな香りが調和した、ちょっと大人のトーストです。かつおぶしを合わせることで、あっさりした中にも旨みが感じられます。シャキシャキした歯応えも新鮮で、暑い日の朝にぴったりです。

材料（1枚分）
全粒粉入り食パン（6枚切り）…… 1枚
ゴーヤー …… 1/3本（60g）
焙煎ごま油 …… 5g
かつおぶし（削りぶし）…… 3g
塩 …… 少々

作り方
1. ゴーヤーは縦半分に切って種とワタを取り、4mm程度の厚さにスライスする。ボウルに入れ、塩もみし、かつおぶしを合わせる。
2. 全粒粉入り食パンは焙煎ごま油をハケで表面に塗ってから、こんがりと色づくまでトーストし、半分に切る。
3. 2に1をのせて、塩をふる。

生野菜 × バタートースト

マッシュルームトースト

きゅうりトースト

材料(1枚分)

角食パン(10枚切り) ……1枚
マッシュルーム(ホワイト) ……3個(40g)
レモンバター(p.27参照) ……15g
ペコリーノ・ロマーノ(p.43参照) ……6g
レモンの皮 ………… 少々
白こしょう …… 少々

作り方

1. 角食パンは全体がこんがりと色づくまでトーストし、粗熱を取る。
2. マッシュルームは石突きの端を薄く切り落とし、ペーパータオルで汚れを拭き取ってから、スライサーで薄切りにする。
3. 1にレモンバターを塗り、2をのせる。仕上げに、白こしょうをふり、ペコリーノ・ロマーノはピーラーで薄切りにしてのせ、すりおろしたレモンの皮を散らす。

POINT／新鮮なマッシュルームは生食ができる。サラダにすることが多いが、トーストにも合う。レモンバターをたっぷり塗ってから合わせると、レモンの香りとバターのコクでマッシュルームの味わいが引き立つ。

材料(1枚分)

山食パン(6枚切り) ……1枚
きゅうり ……1本(100g)
塩 …… 2g(きゅうりの重量の2%)
無塩バター(常温に戻す) …… 15g
セロリソルト(p.43参照) …… 少々
白こしょう …… 少々
ミント …… 少々

作り方

1. きゅうりはスライサーを使い、ごく薄くスライスし、ボウルに入れ、塩もみする。15分ほど置き、水分をしっかりとしぼる。
2. 山食パンはこんがりと色づくまでトーストし、粗熱を取る。
3. 無塩バターを塗り、1をのせる。仕上げにセロリソルトと白こしょうをふり、小さくちぎったミントの葉を散らす。

POINT／きゅうりは力を入れてできる限り水分をしぼるのがポイント。ギュッと締まった食感になり、バターを塗ったトーストの上での存在感が際立つ。セロリソルトがきゅうりの青臭さを和らげ、ミントが清涼感を添え、さわやかな余韻が楽しめる。

ラディッシュトースト

ピーマントースト

ラディッシュトースト

材料（1枚分）
山食パン（8枚切り）……1枚
無塩発酵バター（冷蔵）…… 18g
ラディッシュ……42g（大2個）
フルール・ド・セル（カマルグ/p.43参照）…… 少々
白こしょう …… 少々

作り方
1. ラディッシュは薄くスライスする。
2. 山食パンは全体がこんがりと色づくまでトーストし、粗熱を取る。
3. 2を縦半分に切り、薄くスライスした無塩発酵バターをのせてから1をのせ、フルール・ド・セルと白こしょうをふる。仕上げにラディッシュの葉を添える。

POINT／ラディッシュにバターと塩を添える、フランスの定番の食べ方をトーストでアレンジ。スライスした冷たいバターとカリッとしたラディッシュ、さっくり焼けたトーストの食感の違いが楽しい。パンはリーンなタイプが合う。

ピーマントースト

材料（1枚分）
全粒粉入り食パン（6枚切り）…… 1枚
無塩バター（常温に戻す）……10g
ピーマン …… 1個（38g）
塩 …… 少々
黒こしょう（粗挽き）…… 少々

作り方
1. ピーマンは半分に切って種を取り、縦に細切りにし、塩もみする。
2. 全粒粉入り食パンはこんがりと色づくまでトーストし、粗熱を取る。
3. 2に無塩バターを塗り、1をのせる。仕上げに黒こしょうをふる。

POINT／加熱調理することが多いピーマンだが、生食だとより素材の個性が味わえる。繊維に沿って縦方向に切ると、シャキッとした食感が際立つ。特有の青臭さや苦みが心地よく、全粒粉入り食パンの香ばしさとの相性がよい。

温野菜トースト

野菜の個性を活かす組み立てで、トーストが野菜料理になります。シンプルだからこそ、調理法や切り方などの細部にまでこだわりましょう。ほんの少しのアクセントで、仕上がりの完成度が高まります。

オニオングラタントースト

オニオングラタンスープのおいしさをお手本にしながらも、飴色たまねぎを使わずに作る一品。主役は電子レンジで加熱した厚切りのたまねぎ。バターをのせ、赤ワインと生クリームをかけて加熱することで、たまねぎの甘みがしっかりと引き出されます。

材料（1枚分）

角食パン（4枚切）……1枚
たまねぎ（大・10mmの輪切り）……1枚
無塩バター……10g
赤ワイン……大さじ2
（あれば）生クリーム……小さじ1
ブルーチーズ（ここではブルードーヴェルニュを使用/p.42参照）……15g
グリュイエール（シュレッド/p.43参照）
……30g
にんにく……1/2片
塩……少々
白こしょう……少々
黒こしょう（粗挽き）……少々

作り方

1. 耐熱皿に、にんにくの断面をこすりつけて香りを移す。たまねぎをのせ、その上にバターをのせたら、赤ワインと生クリームを回しかけ、塩、白こしょうをふる。軽くラップをして600Wの電子レンジで約6分加熱する。

2. 角食パンは表面が乾燥する程度に軽くトーストする。

3. 1のたまねぎをのせ、グリュイエールと小さくちぎったブルーチーズをのせ、オーブントースターで焼く。チーズが溶け、パンに焼き色がついたら取り出す。

4. 仕上げに黒こしょうをふる。1のスープは好みでパンにかけて食べる。

POINT／ブルーチーズをプラスすることで、大人味に仕上がる。

バター醤油コーントースト

厚切りの食パンにひと工夫。タルトのように中心をへこませて焼けば、具材をたっぷりのせられる「食べられるお皿」に変身します。バターと醤油で香ばしく炒め、自然な甘みを引き出したコーンをたっぷりのせて、自由に味わいましょう。

材料（1枚分）
角食パン（4枚切り）……1枚
ホールコーン（缶詰・水気を切る）……100g
無塩バター……10g
醤油……小さじ1
白こしょう……少々
黒こしょう（粗挽き）……少々

作り方

1. フライパンに無塩バターを入れ、中火にかける。無塩バターが溶けたらホールコーンを入れて炒める。水分が飛び、軽く焼き色がついてきたら醤油を加えて炒め合わせ、白こしょうをふる。

2. 角食パンは軽くトーストしてから、耳の1cm内側に切り込みを入れ、中を押しつぶしてへこませる。さらにこんがりと色づくまでトーストする。

3. 1を入れ、黒こしょうをふる。

温野菜×バタートースト

きのこトースト

九条ネギトースト

材料(1枚分)

全粒粉入り食パン(5枚切り) ……1枚
きのこ(マッシュルーム、しいたけ、
舞茸) ……75g
ベーコン ……1枚(15g)
無塩バター ……10g
甘栗バター(p.26参照) ……25g
イタリアンパセリ …… 少々
トリュフソルト(p.43参照)
…… 少々
塩 …… 少々
白こしょう …… 少々

作り方

1. ベーコンは短冊切りにし、フライパンで軽く炒める。無塩バターを加えて溶かし、食べやすい大きさに切ったきのこを加えて強火で炒める。きのこに焼き色がついたら塩、白こしょうで調味する。

2. 全粒粉入り食パンは全体がこんがり色づくまでトーストし、縦半分に切る。

3. 粗熱を取ってから、甘栗バターを塗り、1をのせる。白こしょうとトリュフソルトをふり、粗く刻んだイタリアンパセリを散らす。

POINT／ベーコンとバターで炒めたきのこは、塩こしょうだけで旨み十分。きのこは数種類を組み合わせることで、味わいに深みが出る。炒める時は強火で、短時間で加熱する。フライパンを十分熱してからきのこを入れ、最初はなるべく触らず、焼き色がついたところで裏返すのがポイント。

材料(1枚分)

山食パン(6枚切り) ……1枚
九条ネギのバターソテー※…… 75g
無塩バター(常温に戻す) …… 10g
白こしょう …… 少々

※九条ネギのバターソテー

フライパンに無塩バター10gを入れ、中火にかける。無塩バターが溶けたら九条ネギ(斜め10mm幅に切る)70gを入れ、しんなりするまで炒める。塩、白こしょう各少々を加えて味を調える。

作り方

1. 山食パンは全体がこんがり色づくまでトーストする。

2. 無塩バターを塗り、九条ネギのバターソテーをのせ、白こしょうをふる。

POINT／九条ネギは独特のぬめりがあり、じっくりと炒めることでとろりとした甘みとコクが増す。バターをたっぷり使うのがポイントで、トーストの味わいが一層引き立つ。

温野菜×オリーブ油トースト

れんこんトースト

焼き野菜とアボカド味噌トースト

材料（1枚分）
角食パン（4枚切り）……1枚
白味噌マスタード※……12g
れんこん（10mmスライス）……4枚（48g）
春菊……4g
E.V.オリーブ油……大さじ1
塩……少々
黒こしょう（粗挽き）……少々

※白味噌マスタード
西京味噌とディジョンマスタードを同量混ぜ合わせる。

作り方

1. フライパンにE.V.オリーブ油を入れ、れんこんを焼く。塩と黒こしょうをふり、表面に焼き色がつくまでじっくりと両面を焼き、取り出す。
2. 1のフライパンに角食パンを入れ、中火でこんがりと色づくまで両面を焼き、縦半分に切る。
3. 白味噌マスタードを塗り、春菊、1を順にのせる。仕上げに黒こしょうをふる。

POINT／白味噌の上品な甘みとディジョンマスタードのさわやかな辛みと酸味のバランスが絶妙。トーストにたっぷり塗ることで、じっくり焼いたれんこんの味わいを引き立てる。春菊の清涼感のアクセントもよい。

材料（1枚分）
山食パン（5枚切り）……1枚
アボカド味噌※……50g
E.V.オリーブ油……大さじ1
なす（10mmスライス）……2枚（30g）
ミニトマト……2個
万願寺とうがらし……1本
青じそ（せん切り）……少々
みょうが（小口切り）……少々
塩……少々
白こしょう……少々

※アボカド味噌（作りやすい分量）
アボカド1/2個（120g）は10mmの角切りにし、味噌30g、レモン果汁大さじ1、E.V.オリーブ油大さじ1を混ぜ合わせる。

作り方

1. 焼き野菜を作る。バットになす、万願寺とうがらし、ミニトマトを並べて、塩、白こしょうを全体にふり、E.V.オリーブ油を回しかける。200℃に予熱したオーブンかグリルで焼き色がつくまで約12分焼く。ミニトマトは皮がはじけたら途中で取り出す。
2. 山食パンは全体が色づくまでトーストし、半分に切る。
3. アボカド味噌を塗り、1の焼き野菜を彩りよく並べる。仕上げに青じそとみょうがをのせる。

POINT／アボカドと味噌の組み合わせが新鮮な和風ワカモレが焼き野菜と合う。青じそとみょうがのアクセントで、さわやかな余韻が楽しめる。

04

スイーツ系
トースト

フルーツ＆クリーム系トースト

しっとりと口どけがよく、ほんのり甘い食パンは
フレッシュフルーツと乳系クリームによく合います。
さっくり焼いたトーストとフルーツのジューシーさとのコントラストを楽しんで。

いちごのショートケーキ風トースト

材料（1枚分）

生クリーム入り食パン
（小型・25mmスライス）…… 1枚（80g）
練乳風味のマスカルポーネクリーム※
…… 60g
いちごジャム（p.31参照）…… 30g
いちご …… 6個
ミント …… 少々

組み立てのポイント

　リッチな味わいの生クリーム入り食
パンをこんがり焼くことで、焼き菓子
のような香りと甘みが引き立ちます。
いちごジャムをたっぷりと合わせるの
もポイント。トーストのおいしさを活
かしつつ、練乳入りのクリームがパン
といちごを調和させます。

作り方

1 生クリーム入り食パンは十字に切り込みを入れる。

2 オーブントースターで全体にこんがりと焼き色がつくまで焼く。

3 いちごは縦方向に4等分に切る。

4 2の粗熱を取ってから、練乳風味のマスカルポーネクリームを塗る。

5 いちごジャムをのせる。

6 3をのせ、仕上げにちぎったミントの葉を散らす。

※ 練乳風味の　マスカルポーネクリーム

材料（作りやすい分量）

生クリーム（乳脂肪分40%）…… 200㎖
グラニュー糖 …… 16g
マスカルポーネ …… 200g
練乳＊ …… 16g

＊マスカルポーネとはちみつも相性が
よい。ここではいちごの味わいとマッ
チする練乳を合わせたが、好みではち
みつに替えてもよい。

作り方

1 マスカルポーネに練乳を混ぜ合わせる。

2 別のボウルに生クリームとグラニュー糖を入れ、氷水に当てて冷やしながら八分立てに泡立て（p.157クレーム・シャンティイ参照）、1と混ぜ合わせる。

フルーツ＆クリーム系トースト

アメリカンチェリー＆リコッタトースト

グレープフルーツ＆クリームチーズトースト

材料(2枚分)
レーズン食パン(小型・20mmスライス) …… 2枚(32g/枚)
リコッタ …… 40g
アメリカンチェリー …… 6粒
はちみつ …… 小さじ2
塩 …… ひとつまみ

作り方
レーズン食パンはオーブントースターで全体に焼き色がつくまで焼く。リコッタを塗り、塩をふる。種を取り4等分にスライスしたアメリカンチェリーを半量ずつのせ、仕上げにはちみつをかける。

POINT／リコッタにひとつまみの塩をふるとミルキーなコクが際立つ。黒こしょうをアクセントに添えてもよい。

材料(1枚分)
角食パン(8枚切り) …… 1枚
オレンジクリームチーズ(p.33参照) …… 50g
グレープフルーツ …… 4房
はちみつ …… 10g
ミント …… 少々

作り方
角食パンはオーブントースターで全体に焼き色がつくまで焼き、縦半分に切ってから、オレンジクリームチーズを塗る。小房に分けて皮をむいたグレープフルーツをのせ、はちみつをかける。仕上げにせん切りにしたミントを散らす。

POINT／グレープフルーツにはちみつをかけるとジューシー感が際立つ。マーマレードとサワークリームを合わせたクリームチーズで軽やかに、ミントの清涼感で心地よい余韻が楽しめる。

ピーチメルバ風トースト

シャインマスカット＆
クリームチーズトースト

材料（1枚分）
角食パン（8枚切り）‥‥‥1枚
マスカルポーネ ‥‥‥ 40g
桃 ‥‥‥ 70g
ラズベリージャム（p.30参照）‥‥‥ 25g
はちみつ ‥‥‥10g
アーモンドスライス（ロースト）‥‥‥ 少々

作り方
角食パンはオーブントースターで全体に焼き色がつくまで焼き、縦半分に切ってから、マスカルポーネを塗る。皮をむき、ひと口大に切った桃をのせ、はちみつをかける。仕上げにラズベリージャムをかけ、アーモンドスライスをトッピングする。

POINT／フランスの偉大な料理人、オーギュスト・エスコフィエが考案したデザートメニューをイメージした組み合わせ。缶詰の桃を使っても美味。

材料（1枚分）
レーズン入り田舎パン（18mmスライス）‥‥‥1枚（48g）
クリームチーズ ‥‥‥ 30g
シャインマスカット ‥‥‥ 4粒
はちみつ ‥‥‥ 10g
ディル ‥‥‥ 少々
白こしょう ‥‥‥ 少々

作り方
レーズン入り田舎パンはオーブントースターで全体に焼き色がつくまで焼き、斜め半分に切ってから、クリームチーズを塗る。4等分にスライスしたシャインマスカットをのせ、はちみつをかける。仕上げに白こしょうをふり、ディルの葉をトッピングする。

POINT／ほんの少しの白こしょうが全体の味を引き締め、パンとフルーツのバランスがよくなる。ディルの香りのアクセントも効果的。

卵＆タルト系トースト

卵を使っているけれどフレンチトーストではないスイーツトーストは、
タルト風に仕立てることで、トーストの食感が活かせます。

キャラメルプディングトースト

材料（1枚分）
角食パン（4枚切り）……1枚
塩バターキャラメルクリーム（p.37参照）
……20g
卵……1個
牛乳……50㎖
グラニュー糖……10g
バニラペースト……1g

組み立てのポイント
　フレンチトーストとほぼ同じ材料ですが、アパレイユをパンにしみ込ませず、流し込んで焼き上げるのがポイント。プリン感とトースト感の両方が味わえます。塩バターキャラメルクリームのアクセントも絶妙。

作り方

1 アパレイユを作る。ボウルに卵を溶きほぐし、グラニュー糖、牛乳、バニラペーストを加えて混ぜ合わせてから、目の細かいザルでこす。

2 角食パンはオーブントースターで表面が乾燥する程度に焼く。

3 耳の1cm内側に切り込みを入れ、さらに内側に縦横2本ずつ切り込みを入れる。切り込みは、底から5mm程度の高さまでで貫通させない。

4 内側を指で押しつぶしてから、くぼみに塩バターキャラメルクリームを塗る。

5 くぼみに**1**を流し入れる。

6 アルミホイルにのせ、180℃のオーブントースターで焼く。耳に焼き色がついてきたらアルミホイルで包み、約20分焼く。

（　アレンジ　）

カスタードトースト

角食パン（6枚切り）にカスタードクリーム（p.39参照）60gを塗り、粉糖を茶こしでふるい、アーモンドスライス（ロースト）3gをのせて焼き色がつくまで焼く。上記と同様に、材料はフレンチトーストとほぼ同じだがより濃厚。エッグタルトのような味わいになる。

卵 & タルト系トースト

レモンタルトトースト　　チーズケーキトースト

材料（1枚分）
レーズン食パン（小型・25mmスライス）……1枚（50g）
レモンカード（p.39参照）…… 30g
ピスタチオ（スーパーグリーン）…… 少々
純粉糖 …… 少々

作り方
レーズン食パンは表面が乾燥する程度に軽くトーストしてから、耳の1cm内側に切り込みを入れ、内側を指で押しつぶす。くぼみにレモンカードを塗り、茶こしで純粉糖を全体にふる。アルミホイルにのせ、180℃のオーブントースターで耳に焼き色がつくまで焼き、刻んだピスタチオをのせる。

材料（1枚分）
角食パン（4枚切り）…… 1枚
オレンジマーマレード ……15g
チーズケーキフィリング※ …… 80g（半量）
純粉糖 …… 適量

※チーズケーキフィリング（作りやすい分量・2枚分）
クリームチーズ100gは常温に戻し、卵黄1個、グラニュー糖15g、生クリーム（乳脂肪分40%）30mℓを加えて泡立て器でなめらかになるまで混ぜ合わせる。

作り方
角食パンは表面が乾燥する程度に軽くトーストしてから、耳の1cm内側に切り込みを入れ、内側を指で押しつぶす。くぼみにオレンジマーマレードを塗り、チーズケーキフィリングを入れ、茶こしで純粉糖を全体にふる。アルミホイルにのせ、180℃のオーブントースターで焼く。耳に焼き色がついてきたらアルミホイルで包み、フィリングに焦げ目がつくまで約20分焼く。

いちごタルトトースト

プラムタルトトースト

材料（1枚分）
角食パン（4枚切り）…… 1枚
いちごジャム（p.31参照）…… 35g
カスタードクリーム（p.39参照）…… 65g
いちご …… 4個
ピスタチオ（スーパーグリーン）…… 少々
純粉糖 …… 適量

作り方
角食パンは表面が乾燥する程度に軽くトーストして
から、耳の1cm内側に切り込みを入れ、内側を指で
押しつぶす。くぼみにいちごジャムを塗り、カスタ
ードクリームを重ね、茶こしで純粉糖を全体にふる。
アルミホイルにのせ、180℃のオーブントースター
で耳に焼き色がつくまで焼く。いちごはヘタを取り、
5mmの厚さにスライスしてのせ、刻んだピスタチオ
をのせる。

材料（1枚分）
クロワッサン食パン（小型・25mmスライス）…… 1枚（80g）
プラムジャム（p.30参照）…… 30g
カスタードクリーム（p.39参照）…… 75g
プラム …… 1個
アーモンドスライス（ロースト）…… 6g
はちみつ …… 10g
純粉糖 …… 適量

作り方
クロワッサン食パンは表面が乾燥する程度に軽くト
ーストしてから、耳の1cm内側に切り込みを入れ、
内側を指で押しつぶす。くぼみにプラムジャムを塗
り、カスタードクリームを重ね、茶こしで純粉糖を
全体にふり、耳にアーモンドスライスをのせる。ア
ルミホイルにのせ、180℃のオーブントースターで
焼く。焼き色がついたら取り出し、一口大に切った
プラムをのせ、はちみつをかける。

和スイーツトースト

あんバタートーストのおいしさをベースに
味や香りを少しだけプラスしましょう。厳選した足し算が、上品な味わいのポイントです。

あんみつ風トースト

材料（1枚分）

角食パン（4枚切り）…… 1枚
クレーム・シャンティイ※ …… 30g
ゆであずき（市販品）…… 50g
ドライアプリコット…… 2個
くるみ（ロースト）…… 8g
きなこ …… 少々

組み立てのポイント

　あんバタートーストの進化系。バターを生クリームに、あんこをゆであずきに替えることで軽やかな味わいに。あんずの酸味と甘み、くるみの香ばしさと食感で、味わいに変化がつきます。仕上げのきなこが和の香りを添えて、全体をやさしく調和させます。

作り方

1 角食パンはオーブントースターで焼く。全体が軽く色づいてきたら取り出す。

2 縦半分に切り、断面を上にして切り込みを入れる。

3 切り込みを開き、クレーム・シャンティイを半量ずつ入れる。しぼり袋を使うとよい。

4 ゆであずきを半量ずつ入れる。

5 半分に切ったドライアプリコットと粗く刻んだくるみをのせる。

6 仕上げに茶こしできなこをふるう。

※ クレーム・シャンティイ

材料（作りやすい分量）

生クリーム（乳脂肪分40％）…… 200㎖
グラニュー糖 …… 16g

作り方

1 冷蔵庫から出したてのよく冷えた生クリームをボウルに入れ、グラニュー糖を加える。

2 氷水を入れたボウルに重ね、冷やしながら泡立てる。やわらかい角が立つ程度の八分立てにする。

和スイーツトースト

マスカルポーネ&ゆであずきトースト

焼きいもバタートースト

材料(1枚分)
山食パン(6枚切り) …… 1枚
マスカルポーネごまクリーム※ …… 50g
ゆであずき(市販品/p.38参照) …… 50g

※マスカルポーネごまクリーム(作りやすい分量)
マスカルポーネ100gにすりごま(金)15gとはちみつ10gを混ぜ合わせる。

作り方
山食パンは全体にこんがりと焼き色がつくまでトーストし、半分に切る。マスカルポーネごまクリームを塗り、ゆであずきをのせる。

POINT／市販のゆであずきはあんこより甘さが控えめで、さらりと喉ごしがよい。マスカルポーネにすりごまを合わせたクリームはほんのり和の味わい。ゆであずきと合わせると、新鮮な味わいに。

材料(1枚分)
角食パン(4枚切り) …… 1枚
焼きいも …… 70g
無塩バター …… 10g
マスカルポーネごまクリーム(左記※参照) …… 50g
塩 …… ひとつまみ
はちみつ …… 10g
くるみ(ロースト) …… 5g

作り方
焼きいも50gと無塩バター、塩を混ぜ合わせて焼きいもバターを作る。角食パンは全体にこんがりと焼き色がつくまでトーストしてから、焼きいもバターを塗る。残りの焼きいもを小さく切ってのせてから、中央にマスカルポーネごまクリームをのせる。はちみつをかけ、粗く刻んだくるみをのせる。

あんずあんトースト

いちじくあんバタートースト

材料（1枚分）
生クリーム入り食パン（小型・25mmスライス）
…… 1枚（80g）
無塩バター（常温に戻す）……10g
あんずあん（p.33参照）……100g

作り方
生クリーム入り食パンはオーブントースターで焼く。
全体が軽く色づいてきたら取り出し縦半分に切る。断
面を上にして切り込みを入れ、内側に無塩バターを塗
り、あんずあんを入れる。

POINT／まろやかな甘みの白あんは、どんなフルー
ツとも相性がよく、アレンジしやすい食材。トースト
には、バターを塗ってから合わせるのがポイント。あ
んずの香りと心地よい酸味がリッチな味わいの食パン
と調和する。

材料（1枚分）
角食パン（4枚切り）…… 1枚
無塩バター（冷蔵）…… 24g
ゆであずき（市販品/p.38参照）…… 60g
いちじく …… 1/2個（30g）
ドライいちじく …… 12g
はちみつ …… 10g

作り方
角食パンは全体にこんがりと焼き色がつくまでトース
し、半分に切る。粗熱を取ってからスライスした無
塩バターをのせ、ゆであずきと小さく切ったドライい
ちじくをのせる。いちじくを8等分に切ってのせ、は
ちみつをかける。

POINT／フルーツとあんの相性のよさはフルーツ大
福の人気からもわかる。みずみずしい生いちじくと、
凝縮したドライいちじくの食感、香りのコントラスト
が香ばしいトーストに調和する。

キャラメル系トースト

有塩発酵バターで作る濃厚なキャラメルクリームが主役。
バターのコクと、キャラメルのビターな甘み、まろやかな塩味のバランスが絶妙で、
トーストが特別なスイーツになります。

塩バターキャラメルのタルティーヌ

材料(1人分)
バゲット …… 1/2本(120g)
塩バターキャラメルクリーム(p.37参照) …… 適量

作り方
バゲットは横から半分に切り、軽く色づくまでオーブ
ントースターで焼き、塩バターキャラメルクリームを
たっぷり塗る。

POINT／バゲットを半分に切ってトーストすること
で、香ばしさが際立つ。キャラメルのビターな味わい
とクラストの風味がマッチして、甘すぎない大人のス
イーツに。

焼きバナナのキャラメルトースト

材料（1枚分）

山食パン（8枚切り）……1枚
塩バターキャラメルクリーム（p.37参照）……20g
バナナ……1本（正味100g）
カソナード……小さじ1
無塩バター……小さじ1
くるみ（ロースト）……8g

作り方

フライパンに無塩バターとカソナードを入れて中火に
かけ、縦半分に切ったバナナの断面を下にして入れ、
カソナードが溶けてキャラメル状になるまで焼く。山
食パンは全体が色づくまでオーブントースターで焼き、
塩バターキャラメルクリームを塗ってからバナナをの
せ、粗く刻んだくるみをトッピングする。

チョコキャラメルトースト

材料（1枚分）

全粒粉入り食パン（6枚切り）……1枚
塩バターキャラメルクリーム（p.37参照）……24g
ミルクチョコレート（板チョコ）……35g

作り方

全粒粉入り食パンは全体にこんがりと焼き色がつくま
でトーストし、4等分に切る。塩バターキャラメルク
リームを塗り、溝に沿って切ったミルクチョコレート
の2/3量をのせる。残りのチョコレートは粗く刻んで
のせる。

POINT／全粒粉の香ばしさとキャラメルの風味がよ
く合う。なめらかなキャラメルクリームの塩味がミル
クチョコレートのコクを引き立て、シンプルながらも
味わい深い。

ナッツ系トースト

全粒粉入りのパンとナッツの香ばしさは抜群の相性。
トーストすることで香りが引き立ち、深みのある味わいが楽しめます。

アーモンド＆バタートースト

材料(1枚分)
全粒粉入り食パン(6枚切り) ……1枚
アーモンド＆バター※ …… 40g

※アーモンド＆バター(作りやすい分量)
アーモンド(ロースト)50gはブレンダーで粉砕し、常温に戻した無塩バター100g、純粉糖30g、塩ひとつまみを混ぜ合わせる。

作り方
全粒粉入り食パンは表面が乾燥する程度に軽く焼いてからアーモンド＆バターを塗る。アルミホイルにのせてオーブントースターに入れ、表面がふつふつとし色づくまで焼く。

POINT／姫路の喫茶店発祥のご当地グルメとして人気。アーモンドだけで作るナッツバターではなく、バターとブレンドすることでトーストに合うバランスのよい味わいに。マーガリンをベースにすることが多いが、バターを使うと素材が活きる。

ピーナッツバター＆バナナトースト

材料（1枚分）
全粒粉入り食パン（6枚切り）…… 1枚
ピーナッツバター（粒入り）…… 40g
バナナ …… 1本（正味100g）
はちみつ …… 大さじ1
黒こしょう …… 少々

作り方
全粒粉入り食パンは、全体に焼き色がつくまでトーストして縦半分に切る。ピーナッツバターを塗り、スライスしたバナナをのせる。はちみつをかけ、黒こしょうをふる。

POINT／ピーナッツバターとバナナは相性のよい組み合わせ。ねっとりしたバナナとピーナッツのコクに、はちみつのやさしい甘みが調和する。黒こしょうのアクセントで、大人っぽい味わいに。

マロンケーキトースト

材料（1枚分）
全粒粉入り食パン（8枚切り）…… 1枚
無塩バター（冷蔵・薄切りにする）…… 20g
マロンクリーム※（市販品/p.37参照）…… 20g
ラズベリージャム（p.30参照）…… 20g
マロングラッセ …… 少々

※フランス・サバトン社のマロンクリームを使用。

作り方
全粒粉入り食パンは、全体に焼き色がつくまでトーストして4等分に切り、粗熱を取る。無塩バター、マロンクリーム、ラズベリージャムを1/4量ずつのせる。仕上げに粗く刻んだマロングラッセをトッピングする。

POINT／バターのコク、マロンの香りとラズベリーの酸味のコントラストが絶妙で、上質なスイーツのような味わい。全粒粉入り食パンの香ばしさがマロンの風味を引き立てる。

05

トースト

サンドイッチ

トーストしてはさむ

トーストで作るサンドイッチは、パンの表面がカリッと香ばしく、中はふんわり感が増し、「作りたて」の温かさが魅力です。
トマトやレタスなどの生野菜を合わせると、温かいパンと冷たい野菜の温度差、食感のコントラストで
食材のフレッシュ感が際立ちます。ベーコンやとんかつなど加熱した食材と合わせると、
肉の旨みや香ばしさと相乗し、風味が増します。また、できたてだけでなく、冷めた時にも特有のおいしさが楽しめます。
ポイントはパンを焼きすぎないことで、表面がパリッとしつつも内部の水分を保っていることが大切です。
そうすることで、時間が経ってもかたくならず、具材との調和が保たれます。

BLT

ベーコン、レタス、トマト、3つの食材が全て主役のアメリカ生まれの定番サンドイッチ。
パンをさっくりとトーストすることで、トマトとレタスのフレッシュ感とのコントラストが際立ち、ベーコンの味わいとマッチします。
シンプルな組み合わせだからこそ、ベーコンは上質なものを選ぶことも大切です。
エスカルゴバターでトーストの風味を引き立て、オーロラソースで食材を調和させることで、ワンランク上の本格的な味わいに仕上がります。

材料（1組分）

山食パン（8枚切り）…… 2枚
エスカルゴバター（p.26参照）…… 12g
ベーコン …… 2枚（24g）
レタス …… 55g
トマト（7mm・半月スライス）…… 15g×4枚
オーロラソース※ …… 8g
塩 …… 少々
黒こしょう（粗挽き）…… 少々
白こしょう …… 少々
コルニッション（小型きゅうりのピクルス）…… 4個

※オーロラソース（作りやすい分量）
ケチャップ50gとマヨネーズ50g、ディジョンマスタード5gを混ぜ合わせる。

作り方

1. ベーコンは半分に切り、フライパンで焼く。ペーパータオルで押さえて余分な脂を取る。

2. トマトは両面に塩をふり、ペーパータオルで押さえて余分な水分を取る。

3. 山食パンは全体が軽く色づくまでトーストし、粗熱を取ってから片面にエスカルゴバターを半量ずつ塗る。

4. 3の1枚に1を縦方向にのせ、黒こしょうをふってから、オーロラソースの半量をかける。次に2をのせ、白こしょうをふってから残りのオーロラソースをかける。最後に、山食パンに収まるサイズに折りたたんだレタスをのせ、もう1枚の山食パンを合わせ、手のひらで上から全体をやさしく押さえて具材とパンをなじませる。

5. コルニッションを刺したピックを4に刺し、4等分に切る。

サンドイッチ用のレタスのたたみ方

1. レタスの葉の自然なカーブを活かし、芯を内側に巻き込む。次に両脇を中央に向かって折りたたむ。
2. そのままロールキャベツのように葉を巻き込む。パンの内側に収まるサイズに整え、巻き終わりを下にする。

イギリスのトーストサンドイッチ

　1861年にイギリスで発行された「ビートン夫人の家政読本」は中流家庭の主婦たちがこぞって買い求めたベストセラーかつ、ロングセラー本です。様々なレシピが掲載されており、当時の食文化を知ることができます。本章のタイトルと同じ「トースト・サンドイッチ（Toast sandwich）」はそのひとつで、なんと具がトーストです。作り方は、2枚のパンにバターを塗り、こしょうをかけて、冷ましたトーストをはさむだけ。これが、病人向けのメニューとして紹介されています。日本なら、焼きおにぎりを具にしたおにぎりのようなものでしょうか。想像通りの味ですが、決して悪くはありません。シンプルなので、食欲がなくても食べられそうです。

　同じく病人向けの飲み物として「トースト・アンド・ウォーター（Toast and water）」もあります。ヴィクトリア朝時代以前から知られていた飲料で、こんがりと焼いたトーストに、熱湯を注いで（もしくは煮て）冷ましたもの。トーストはこして、冷たくなった水だけを飲みます。「トースト・ウォーター・ジャグ（Toast water jug）」という、トーストを受け止めるストレーナーと蓋つきの、専用水差しがあったそうなので、一般的な飲み物だったのでしょうか。玄米茶の香ばしさや重湯のやさしさに通ずる味わいです。

トーストしてはさむ

かつサンド

ラードを塗ったトーストは、さっくりと軽やかで風味よく、とんかつには最強の組み合わせです。とんかつのジューシーな旨みと香ばしさを引き立てるだけではなく、パンを焼くことで、とんかつにたっぷりかけたソースやキャベツの水分を吸いすぎず、パンがつぶれるのを防ぎます。ボリューム感とおいしさが同時に保たれるのも魅力です。さらに、せん切りキャベツに青じそを加えることで、さわやかな香りがプラスされ、バランスのよい味わいに仕上がります。

材料(1組分)
山食パン(5枚切り) …… 2枚
ラード ……16g
ロースとんかつ(市販品) …… 1枚(120g)
キャベツ……30g
青じそ …… 1枚
かつ用ソース※ …… 30g
すりごま(金) …… 小さじ1/2

※かつ用ソース(作りやすい分量)
中濃ソース60g、ケチャップ15g、
はちみつ5gを混ぜ合わせる。

作り方
1. キャベツと青じそはせん切りにして混ぜ合わせる。
2. 山食パンの片面にラードを塗り、全体が軽く色づくまでトーストする。
3. ロースとんかつの上面に、かつ用ソースの半量を塗る。
4. 2の1枚に3のソース面を下にしてのせる。残りのかつ用ソースをロースとんかつの上に塗り、すりごまをふりかけ、1をのせる。もう1枚の山食パンを合わせ、手のひらで上から全体をやさしく押さえて具材とパンをなじませる。
5. 4等分に切り、断面にすりごま(分量外)をふる。

耳だけエルヴィスサンドイッチ

トーストの香ばしさに全振りして、食パンの端だけを使ったサンドイッチは、最高のザクザク感を堪能できます。食感のコントラストを引き立てる主役は、ねっとりとしたバナナと濃厚なピーナッツバター。この2つだけでも十分なおいしさがありますが、ベーコンを加えてエルヴィスサンドイッチ※に仕立てました。ベーコンの塩気と香ばしさが、食パンの耳のザクザク感に負けない存在感を放ちます。

材料（1組分）
山食パン（両端の部分・5枚切り）…… 2枚
バナナ …… 1本（正味100g）
ベーコン …… 2枚（24g）
ピーナッツバター …… 50g
はちみつ …… 10g
黒こしょう …… 少々

作り方
1. ベーコンは半分に切り、フライパンで焼く。ペーパータオルで押さえて余分な脂を取る。
2. バナナは縦半分に切る。
3. 山食パンは全体が軽く色づくまでトーストする。
4. 内側にピーナッツバターを半量ずつ塗る。1枚に1をのせて、はちみつをかけてから、黒こしょうをふり、2をのせる。もう1枚の山食パンを合わせ、手のひらで上から全体をやさしく押さえて具材とパンをなじませる。
5. 3等分に切り、断面に黒こしょうをふる。

※ベーコン、バナナ、ピーナッツバターをはさんだアメリカのホットサンドイッチで、エルヴィス・プレスリーの好物だったといわれている。

はさんでからトースト

トーストしたパンに具材をはさむのと、パンにはさんで焼くのとでは、微妙に味わいのバランスが変わります。
前者の場合、パンと具材はそれぞれ独立しており、食べ進めるうちに口の中で徐々に調和します。
一方後者は、パンと具材がグラデーションを持ちながらも一体化し、はじめから調和のとれた味わいが楽しめます。
ここで欠かせないのがバターやチーズです。一緒に焼くことで、バターはパンにしみ込み、風味が増します。
また、溶けたチーズはパンと密着し見事に一体化します。
この一体感ある味わいは、できたてを味わってこそ。アツアツの状態でいただきましょう。

グリルドチーズサンドイッチ

パンとバターとチーズの黄金比を実感できる、アメリカの定番ホットサンドイッチ。
チーズをはさんだ食パンをフライパンで焼くだけですが、バターを使うのがポイントです。
カリッ、ジュワッが両立したトーストはバターが香り立ち、トースターで焼くのとは別の
ワイルドな味わいです。全粒粉入りのパンを使うと、より香ばしく仕上がります。
チーズは数種類をブレンドすると味に奥行きが出て、複雑な味わいに。
シンプルだからこそ、チーズはとびきり贅沢に、たっぷりと合わせましょう。
イギリス（オーストラリア、ニュージーランドなども）では、
はさんでからトーストするホットサンドイッチを「トースティ（Toastie）」といいます。
本場イギリスのホワイトチェダー（p.43参照）を使い、「チェダーチーズ・トースティ」にしてもよいでしょう。

材料（1組分）

全粒粉入り食パン（8枚切り） …… 2枚
無塩バター（常温に戻す） …… 20g
ゴーダ（スライス/p.43参照） …… 30g
エメンタール（スライス/p.43参照） …… 16g
レッドチェダー（スライス/p.43参照） …… 16g
（あれば）ディルピクルス※ …… 3本

※ディルを加えたガーキン（ピクルスに使われるメキシコ原産の小型きゅうり）のピクルスで、ハンバーガーやホットドッグには欠かせない。コルニッション（p.167）より大振りで、穏やかな酸味とディルのさわやかな香りが特徴。

作り方

1. 全粒粉入り食パンは表面が乾燥する程度に軽くトーストする。
2. ゴーダ、エメンタール、レッドチェダーをはさみ、上面に無塩バターの半量を塗る。
3. フライパンを中火で熱し、無塩バターを塗った面を下にして、ターナーで押さえながら焼く。こんがりと焼き色がついたら、上面に残りの無塩バター塗ってから裏返し、両面にこんがりと焼き色がつき、中のチーズがとろけるまで焼く。
4. 食べやすいように半分に切り、ディルピクルスを添える。

組み立てのポイント

　チーズはお好みのものを組み合わせても。冷蔵庫から出したてのチーズを使うと、パンが焼き上がるタイミングではチーズが溶けないこともあります。チーズはあらかじめ常温に戻しておくか、フライパンでの加熱後に、電子レンジで軽く加熱して溶かしてもよいです。

アレンジして　**ハム＆チーズのフレンチトーストサンドイッチ**

全粒粉入り食パン（8枚切り）2枚に、スライスチーズ（チェダー／p.43参照）2枚とももハム1枚をはさむ。塩味フレンチトースト液※（p.129参照）を表面全体にしみ込ませてから、パルメザンパウダー大さじ1をまぶしつける。フライパンに無塩バター10gを溶かし、両面に焼き色がつくまで焼く。

はさんでからトースト

クロック・ムッシュ

フランスを代表する定番ホットサンドも、ハムとチーズ、そしてバターのシンプルな組み合わせが基本です。食パンは軽く下焼き（プレトースト／p.14参照）するのがポイントで、このひと手間で完成度が変わります。余分な水分が飛ぶことで、ベシャメルソースを合わせてもさっくり歯切れよく仕上がります。シンプルだからこそ、パンの種類や組み立て方で味の印象が変わります。クロック・ムッシュ風トースト（p.137参照）と食べ比べてみるとよいでしょう。

材料（1組分）

角食パン（8枚切り） …… 2枚
無塩バター ……10g
ベシャメルソース（p.135参照） …… 30g
シュレッドチーズ※（p.43参照） …… 35g
ももハム …… 25g
白こしょう …… 少々

※グリュイエールとエメンタールをシュレッドし、ブレンドして使うとより本格的な味わいに。

作り方

1. 角食パンは表面が乾燥する程度に軽くトーストする。
2. 片面に無塩バターを半量ずつ塗り、白こしょうをふったももハムをはさむ。
3. 上面にベシャメルソースを塗り、シュレッドチーズをのせる。
4. アルミホイルにのせ、オーブントースターで焼く。チーズが溶け、表面に焼き色がついたら取り出す。
5. 仕上げに白こしょうをふり、食べやすいように半分に切る。

ほうれんそうとチーズのホットサンド

専用のホットサンドメーカーで作るホットサンドは、ギュッとプレスすることで、具材がたっぷりでも
食べやすく、外側はカリッと香ばしく焼き上がります。ふわふわのスクランブルエッグととろけるチー
ズは、間違いのない組み合わせ。ほうれんそうのソテーを加えることで彩りが美しく、朝食にぴったり
のバランスのよいサンドイッチに仕上がります。はちみつの甘みを加えたマヨネーズが、パンとチーズ
の風味をさらに引き立て、やさしい甘みとまろやかさをプラスします。

材料（1組分）

角食パン（8枚切り）……2枚
はちみつマヨネーズ※1 ……14g
ほうれんそうソテー※2 ……40g
スクランブルエッグ※3 ……60g
スライスチーズ（チェダー/p.43参照）……1枚（11g）
スライスチーズ（ホワイト/p.43参照）
……1枚（11g）
白こしょう ……少々
黒こしょう（粗挽き）……少々

作り方

1. 角食パンは片面にはちみつマヨネーズを5gずつ塗る。
2. 1枚にスクランブルエッグをのせ、白こしょうをふり、
はちみつマヨネーズを4gかける。ほうれんそうソテー
をのせて黒こしょうをふり、スライスチーズを2枚のせ、

もう1枚の角食パンではさむ。
3. ホットサンドメーカー（p.19参照）ではさみ、両面に焼
き色がつくまで焼く。
4. 食べやすいように半分に切る。

※1 はちみつマヨネーズ
マヨネーズとはちみつを5:1の割合で混ぜ合わせる。
※2 ほうれんそうソテー
ほうれんそう150gはざく切りにし、15gの無塩バタ
ーで炒め、醤油小さじ1と塩、白こしょうで味を調
える。
※3 スクランブルエッグ
卵1個を溶きほぐし、牛乳大さじ1、塩、白こしょう
各少々を合わせる。フライパンに無塩バター5gを溶
かし、卵液を入れてふんわりと炒める。

トーストして入れる

トーストして具材をはさむサンドイッチ、またははさんでからトーストするサンドイッチは、いずれも2枚のパンを使用します。
では1枚で作る場合はどうでしょう？ おすすめは、厚切りの食パンをトーストしてから、
ポケット状にして具材を詰める方法です。
まず、厚切りトーストを半分に切り、切り口を上にして切り込みを入れると、ポケットサンド用のパンの完成です。
表面にはパリッとした薄い層ができてかたくなりますが、中はしっとりソフトな食感が保たれます。
底面と両端には耳があるので、穴が開きにくく、しっかりとした袋状になります。トーストすることでパンのしなやかさが増し、
扱いやすくなるのもポイントです。具材をはさむのではなく詰めるので、こぼれにくく、食べやすさを実感できます。

ミックスサンドイッチ

卵サラダとハムときゅうり。ミックスサンドイッチの定番食材ですが、
しっとりした食パンにそのままはさむのと、トーストしたパンに入れるのとでは印象が変わります。
ポケット状のサンドイッチは食べやすさも魅力です。さっくりと香ばしい食パンと、
冷たい具材の温度差と食感のコントラストが、いつもの具材がよりフレッシュでジューシーに感じさせます。

材料（1組分）

角食パン（4枚切り）…… 1枚
マヨネーズ（パン用）……10g
ゆで卵 …… 1個
マヨネーズ（卵サラダ用）…… 8g
ロースハム …… 45g（3枚）
きゅうり（3mm・斜めスライス）…… 6枚（30g）
塩 …… 少々
白こしょう …… 少々

作り方

1. 卵サラダを作る。ゆで卵はエッグスライサーを
使い、三方向からカットしてボウルに入れる。塩、
白こしょうをふり、軽く下味を付けてから卵サラダ
用のマヨネーズを混ぜ合わせる。

2. ロースハムは半分に切る。

3. 角食パンは全体が軽く色づくまでトーストし、
縦半分に切る。断面を上にして、中心に切り込みを
入れて中を軽く広げる。内側にパン用のマヨネーズ
を半量ずつ塗る。

4. 3に折りたたんだロースハムときゅうりを重ねて
入れてから、卵サラダを半量ずつ入れる。仕上げに
白こしょうをふる。

パンの切り方

トーストした食パンは、縦方向に半分に切ってから、断
面を上にして切り込みを入れる。焼きたての内側の生地
はしっとりしてつぶれやすい。熱すぎる場合は、軽く粗
熱を取ってから切るとよい。

アレンジして　ポケットトースト
スクランブルエッグとアスパラガス

角食パン（4枚切り）1枚を上記と同様にト
ーストし、切り込みを入れて軽く広げる。
この中に、卵1個分のスクランブルエッグ
（p.173参照）とグリーンアスパラガスのソ
テー（1本を斜め切りにしてバターソテー
し、塩、白こしょうで調味する）を半量ず
つ入れる。角食パンとスクランブルエッグ
の間にマヨネーズ10gを半量ずつ入れ、仕
上げに白こしょうをふる。

トーストして入れる

ポケットトースト
ツナサラダ＆ルッコラ

ポケット状にしにくい小ぶりな食パンは、V字形になるように切り込みを入れて使いましょう。香ばしく焼いたパンがツナサラダのジューシー感を引き立て、印象的なおいしさに。クリームチーズのまろやかさ、レーズンの甘みと酸味、ルッコラの清涼感、そして黒こしょうのピリッとした辛み。ひとつひとつの食材の個性が、口の中で調和し、奥深い味わいを楽しめます。

材料(2枚分)

レーズン入り食パン(25mmスライス)
…… 2枚(40g/枚)
クリームチーズ …… 30g
ツナサラダ※ …… 70g
ルッコラ …… 5g
黒こしょう …… 少々

※ツナサラダ(作りやすい分量)

ツナのオイル漬け(市販品・オイルを切る)
100gに紫たまねぎ(みじん切り)15g、マヨネーズ20g、レモン果汁小さじ1/3を混ぜ合わせ、塩、白こしょう各少々を加えて味を調える。

作り方

1. レーズン入り食パンは全体がこんがりと色づくまでトーストし、側面から、半分の厚さになるように切り込みを入れる。切り落とさないよう、もう一方の側面の1cm手前で止めて、軽く広げる。

2. 内側にクリームチーズを半量ずつ塗る。

3. ツナサラダを半量ずつはさみ、黒こしょうをふる。5cm幅に切ったルッコラをはさむ。

ポケットトースト
コンビーフポテトサラダ＆クレソン

ほくほくとしたじゃがいものおいしさに、コンビーフの旨みが加わったポテトサラダは、にんにくと粒
マスタードがアクセントとなった大人の味わいです。トーストした山食パンと合わせることで、パンの
香ばしさと歯切れのよさが際立ちます。さらに、クレソンの清涼感、黒こしょうの香り、フライドオニ
オンのコクを重ねることで、シンプルながらも深みのある味わいに仕上がります。

材料（1組分）

山食パン（4枚切り）…… 1枚
無塩バター（常温に戻す）…… 10g
コンビーフポテトサラダ※ …… 95g
クレソン …… 6g
フライドオニオン …… 4g
黒こしょう（粗挽き）…… 少々

※コンビーフポテトサラダ（作りやすい分量）
じゃがいも（蒸して皮をむく）200gを熱いうちに
粗くつぶし、コンビーフ（市販品）40g、マヨネー
ズ30g、粒マスタード5g、にんにく（すりおろす）
1gを混ぜ合わせ、塩、白こしょう各少々を加え
て味を調える。

作り方

1. 山食パンは全体がこんがりと色づくまでトーストし、
縦方向に半分に切る。断面を上にして、中心に切り込み
を入れて中を軽く広げる。内側に無塩バターを半量ずつ
塗る。
2. コンビーフポテトサラダを半量ずつ入れ、クレソン
をはさむ。クレソンの茎の部分はざく切りにして奥に入
れ、葉の部分は見えるようにはさむとよい。
3. 黒こしょうをふり、フライドオニオンを半量ずつト
ッピングする。

06

世界の
トースト

Britain
ビーンズ・オン・トースト
BEANS ON TOAST

ベイクドビーンズをバタートーストにのせるだけ。イングリッシュ・ブレックファストの重要な2つの要素を組み合わせた、イギリスの定番トーストは家庭的な味わいが魅力です。日本の納豆ご飯のような存在で、朝食や軽食に欠かせません。
ベイクドビーンズは白インゲン豆をトマトソースで煮込んだもので、缶詰を使うのが一般的。特有の甘みがトーストにぴったり合い、素朴なおいしさが楽しめます。

材料（1枚分）

全粒粉入り食パン（10枚切り）…… 1枚
無塩バター（常温に戻す）…… 10g
ベイクドビーンズ※（缶詰）…… 130g（小1缶）
ドライパセリ ………… 少々
白こしょう ………… 少々

※ハインツ社の缶詰を使用。

作り方

1. 全粒粉入り食パンはこんがりと焼き色がつくまでトーストし、半分に切る。
2. 無塩バターを塗る。
3. 温めたベイクドビーンズをのせる。
4. 仕上げに、白こしょうとドライパセリをふる。

「イングリッシュ・ブレックファスト」はイギリスでもっともおいしい食事と評されるボリューム満点の朝食メニュー。ベーコン、卵、焼きトマト、マッシュルーム、ベイクドビーンズ、ソーセージにバタートーストの組み合わせが基本。「ビーンズ・オン・トースト」に目玉焼きや、ベーコンをトッピングすると、この「イングリッシュ・ブレックファスト」に近づき、より満足度が増す。チーズを合わせてもおいしい。

ウェルシュ・レアビット

WELSH RAREBIT

トーストしたパンの上に、濃厚なチーズソースをたっぷりのせて焼き上げた、イギリスの伝統的なチーズトーストで、その名前には諸説あります。古くは "Welsh Rabbit" と綴られていましたが、うさぎ肉は入っておらず、ウェールズ地方発祥かも定かではありません。貧しい庶民の食卓を揶揄したジョークのような名前が由来ですが、チーズトーストとして完成度の高さはなかなかのものです。

材料（1枚分）

パン・ド・カンパーニュ（15mmスライス）…… 1枚（40g）
チーズソース※1 …… 60g
ウスターソース※2 …… 適量

※1 チーズソース（作りやすい分量）

ホワイトチェダー（すりおろす/p.43参照）…… 100g
黒ビール …… 100g
無塩バター …… 10g
薄力粉 …… 10g
ウスターソース※2 …… 小さじ1
イングリッシュマスタード（マスタードパウダーでも可・パウダーの場合は小さじ1/3）…… 小さじ1
卵黄 …… 1個
塩 ………… 少々
白こしょう ………… 少々

※2 イギリス・ウスターシャー地方で生まれた、リーペリンウスターソースを使用。

作り方

1. チーズソースを作る。鍋に無塩バターを入れ、中火にかける。無塩バターが溶けたらふるった薄力粉を加えて炒める。黒ビールを2回に分けて加え、よく混ぜながら加熱する。ホワイトチェダーを加えて混ぜ、溶けてなめらかになったら、火から下ろす。卵黄、ウスターソース、イングリッシュマスタードを加えて混ぜ合わせ、塩、白こしょうで味を調える。

2. パン・ド・カンパーニュは表面が乾燥する程度に軽くトーストする。

3. 1を塗り、アルミホイルにのせ、オーブントースターで表面に焼き色がつくまで焼く。

4. 表面にナイフで軽く切り込みを入れ、ウスターソースをかける。

POINT／ベシャメルソースにチーズを合わせた、フランスのモルネーソースに似ているが、黒ビールやウスターソースを使うのがイギリス流。ほろ苦さや辛みのアクセントが効いた、深みのある大人っぽい味わい。

Britain

マーマイトトースト

MARMITE ON TOAST

マーマイトは、ビールの醸造過程で生まれる酵母エキスから作られたイギリスの調味料で、トーストに欠かせないスプレッドのひとつです。こげ茶色でねっとりとしたペースト状で、強い塩味と独特な旨み、後味のほろ苦さが特徴的。クセが強いため、たっぷり塗るのではなく、無塩バターをたっぷり塗ったトーストにほんの少量を伸ばす程度で楽しむのがポイントです。

材料（1枚分）

角食パン（10枚切り）…… 1枚
無塩バター（常温に戻す）…… 12g
マーマイト …… 2g
黒こしょう（粗挽き）…… 少々

作り方

1. 角食パンはこんがりと焼き色がつくまでトーストする。
2. 無塩バターを塗り、マーマイトを塗り重ねる。
3. 仕上げに、黒こしょうをふる。

POINT／バターとマーマイトの絶妙なバランスが、チーズのような塩気と程よい旨みを引き出し、意外なおいしさに。黒こしょうのアクセントで、さらに味わいが深まる。

| アレンジして |

マーマレードトースト

マーマレードもイギリスの朝のトーストに欠かせない"塗るもの"です。
こんがりとトーストした角食パンに、たっぷりの無塩バターを塗るところまでは、マーマイトトーストと一緒ですが、オレンジマーマレードのほうはたっぷりと合わせましょう。塗るというより、"のせる"のがおいしさの秘訣です。

納豆トースト

ご飯のおともの納豆をトーストに合わせるのは、日本ならではの楽しみ方です。発酵食品である納豆の深い味わいと香ばしいトーストの組み合わせは、イギリスのマーマイトトーストに通ずる部分があります。また、豆とパンの組み合わせという点では、和風のビーンズ・オン・トーストともいえるでしょう。厚切りトーストにポケット状の切り込みを入れ、そこに納豆を詰めると、糸引きが気にならず食べやすくなるのでおすすめです。納豆にはアマニ油を合わせると、よりヘルシーに。特有の苦味や香りが納豆によく合います。

材料（1枚分）

角食パン（4枚切り）……1枚
マヨネーズ……8g
納豆……1パック（50g）
醤油……小さじ1
アマニ油（p.28参照）……小さじ1/3
和からし……少々
青じそ……2枚
青ネギ（小口切り）……2g
みょうが（小口切り）……1/2個

作り方

1. 納豆に醤油、和からしを加えてよく混ぜ合わせる。さらに青ネギ、みょうが、アマニ油を合わせる。

2. 角食パンは全体が軽く色づくまでトーストし、縦半分に切る。断面を上にして、中心に切り込みを入れて中を軽く広げる。内側にマヨネーズを半量ずつ塗る。

3. 青じそを1枚ずつ入れてから、1を半量ずつ入れる。

アレンジして

のりトースト

ご飯に合うものは、納豆と同様に大抵トーストにも合う。
のりの佃煮もそのひとつで、甘辛い味わいが後を引く。
こんがりとトーストした角食パンに、無塩バターを軽く塗ってから、のりの佃煮を塗る。見た目はマーマイトトーストに似ているが、味噌汁にも合う、和の味わいが新鮮。

France

ウフ・ア・ラ・コックとムイエット

ŒUF À LA COQUE ET MOUILLETTES

フランスの朝の定番、殻付き卵"ウフ・ア・ラ・コック（œuf à la coque）"には、細切りのトースト"ムイエット（mouillettes）"を添えるのがお決まりです。細切りの理由は、卵をディップして食べるため。殻の上部を割り、塩とこしょうで調味してからいただきましょう。

材料（1人分）

卵 …… 1個
角食パン（8枚切り）…… 1枚
塩 …… 少々
黒こしょう …… 少々

作り方

1. 小鍋に湯を沸かす。沸騰したところに冷蔵庫から出したての冷たい卵を入れ、3分ゆでて、冷水に取る。

2. 角食パンは耳を切り落とし、縦5等分に切る。全体に焼き色がつく程度にトーストする。

3. エッグスタンドに**1**をのせ、**2**と一緒に皿に盛りつける。卵の殻の上部を割って取り、塩と黒こしょうをふり、**2**につけながら食べる。

POINT／ムイエットには好みでバターをたっぷり塗ってもおいしい。有塩バターなら、卵に塩を入れなくてもバランスのよい味わいに。トリュフバター（p.26参照）との相性も抜群。

U.S.A.
フレンチトースト
FRENCH TOAST

アメリカの家庭で作られるフレンチトーストは、手軽さが魅力です。漬け込み時間は不要で、思い立ったらすぐに作れるシンプルスタイル。卵と牛乳を混ぜ合わせて、パンを軽く浸すだけ。甘みをつけないので焦げにくく、サッと焼き上がります。仕上げにこんがり焼いたベーコンを添え、メープルシロップをたっぷりかけて、甘じょっぱい味わいを楽しみましょう。

材料(3枚分)

角食パン(6枚切り) …… 3枚
卵 …… 2個
牛乳 …… 80㎖
無塩バター …… 30g
ベーコン …… 4枚
メープルシロップ ………… 少々
黒こしょう(粗挽き) ………… 少々

作り方

1. 角食パンは表面が乾燥する程度に軽くトーストする。
2. ボウルに卵と牛乳を入れ、よく混ぜ合わせてから、1を入れて全体にしみ込ませる。

3. ベーコンはフライパンで両面を焼く。
4. フライパンに無塩バターの半量を入れて中火にかける。無塩バターが溶けたら2を入れ、焼き色がついたら、残りの無塩バターを入れて裏返し、同様に焼き色がつくまで焼く。
5. 皿に3と4を盛り付ける。ベーコンに黒こしょうをふり、フレンチトーストにはメープルシロップをかけて食べる。

POINT／食パンは卵液に浸す前に軽くトーストしておくと、卵液を吸い込みやすくなる。また、パンの表面のかたさが程よく保たれることで、水分を吸ってもパンが崩れにくく、作業性がよくなる。

Spain

パン・コン・トマテ

PAN CON TOMATE

スペイン・カタルーニャの伝統料理で、かたくなったパンにトマトをこすりつけてやわらかくしたのが始まりです。香ばしく焼けたパンとジューシーなトマト、そしてオリーブ油の豊かな風味が調和し、それぞれの素材の個性が引き立ちます。香りと食感のコントラストが楽しめるのはできたてのうち。パンがトマトの水分を吸収し、しっとりとやわらかく変化します。

材料(2〜3人分)

バゲット …… 1/3本
トマト(湯むきする) …… 1個(正味100g)
にんにく …… 1/2片
はちみつ …… 小さじ1
塩 …… 少々
E.V.オリーブ油 …… 大さじ1〜2

作り方

1. バゲットは3等分に切ってから、さらに真横からに半分に切る。バゲットの断面ににんにくの断面をこすりつけて香りをつける。トースターで表面が軽く色づくまで焼く。

2. トマトは粗いおろし器でおろしてボウル入れる。はちみつと塩を加えて味を調える。

3. 1にE.V.オリーブ油をかけ、2をのせる。

POINT／バゲットを輪切りにすると、気泡からトマトの水分やオリーブ油が流れてしまう。水平に切ることでクラスト(皮)が受け止めて、最後までおいしく食べられる。

アボカドトースト

AVOCADO TOAST

20世紀後半、オーストラリアのレストランで提供されたことをきっかけに、アメリカやオーストラリアのカフェ文化、健康志向やSNSの普及で世界中に広まったトースト界のニュースターです。アボカドは栄養豊富な「スーパーフード」としても注目され、健康的な朝食メニューとして定着しました。アボカドはスライスでもよいですが、つぶしてのせると食べやすくトーストとの一体感が増します。

材料（1枚分）

全粒粉入り食パン(10枚切り) …… 1枚
アボカド …… 130g
レモン果汁 …… 小さじ2
E.V.オリーブ油 …… 小さじ2
塩 …… 少々
白こしょう …… 少々
チリペッパー(粗挽き) …… 少々

作り方

1. アボカドはフォークやマッシャーで粗くつぶし、レモン果汁、E.V.オリーブ油、塩、白こしょうを合わせて味を調える。

2. 全粒粉入り食パンは全体に焼き色がつくまでトーストする。

3. 1をのせ、半分に切る。仕上げにチリペッパーをふる。

POINT／アボカドはラフにつぶし、食感を残すのがおすすめ。塩をしっかりときかせると味が締まる。材料も作り方もパン・コン・トマテ以上にシンプルだからこそ、食感、塩加減にこだわりたい。

South Korea

インジョルミトースト

인절미토스트

インジョルミとは韓国語で「きなこ餅」のこと。インジョルミトーストとは、バターが香るトーストに、もっちりとしたきなこ餅をはさんだ韓国発祥のおやつトーストです。サクサクのトーストとやわらかいきなこ餅の食感のコントラストが魅力で、意外性がありながらもバランスの取れた味わいが楽しめます。きなことアーモンドの香ばしさが絶妙に重なり、奥行きのある香りを堪能できます。

材料（1組分）

角食パン（8枚切り）…… 2枚
無塩バター（常温に戻す）…… 15g
切り餅 …… 1切れ（50g）
きなこ …… 大さじ1
きび砂糖 …… 大さじ1
黒蜜 …… 大さじ2
アーモンドスライス（ロースト）…… 5g

作り方

1. 角食パンは表面が乾燥する程度に軽くトーストする。

2. きび砂糖ときなこを混ぜ合わせる。

3. 切り餅は全体を水で濡らし、ラップを敷いた耐熱皿にのせ、500Wの電子レンジで1分〜1分30秒を目安に加熱する。切り餅がやわらかくなったら、熱いうちに全体に2をつけて軽く伸ばす。

4. 1に3をはさみ、片面に無塩バターの半量を塗り、フライパンで焼く。全体にこんがりと焼き色がついたら、上面に残りの無塩バターを塗り、裏返して同様に焼き色がつくまで焼く。

5. 対角線上に4等分に切り、仕上げに2の残りをふりかけ、黒蜜をかけてからアーモンドスライスをのせる。

カヤトースト

KAYA TOAST WITH SOFT-BOILED EGG

こんがり焼けた薄めのトーストにバターとカヤジャムをたっぷりはさんだ「カヤトースト」と温泉卵の組み合わせは、シンガポールの朝食の定番です。いたって普通の組み合わせですが、食べ方が特徴的。醤油をかけた温泉卵を、トーストサンドにつけながら食べるのです。シンガポール版のウフ・ア・ラ・コック（p.184参照）ともいえる、地域性の高い一皿です。

材料（1組分）

全粒粉入り食パン（10枚切り）…… 2枚
無塩バター（冷蔵）……10g
カヤジャム※1（市販品）…… 20g
温泉卵※2 …… 1個
醤油 …… 少々

※1 カヤジャム
ココナッツミルクと卵と砂糖で作られた甘いスプレッドで、独特の甘い香りを持つパンダンリーフを使うのが特徴。輸入食材店で手に入る。

※2 温泉卵
小鍋に湯を沸かし、沸騰したら火を止める。冷蔵庫から出したての卵を入れ、そのまま約10分置く。

作り方

1. 全粒粉入り食パンは全体がこんがりと焼ける直前の、白い部分がわずかに残る程度にトーストし、粗熱を取る。

2. 無塩バターは薄切りにして**1**にのせ、もう1枚の角食パンにカヤジャムを塗ってはさむ。3等分に切り、皿にのせる。

3. 温泉卵を小さな器に入れ、醤油をかけ、**2**に添える。

Tailand
蒸しパンとタイティーカスタードクリーム

ขนมปังนึ่งสังขยาชาไทย

「カノムパン・サンカヤー」は、蒸した食パンにクリームを添えたタイで人気のスイーツです。「カノムパン」はパンのことで、ココナッツミルクで作るタイ風のカスタードクリームは「サンカヤー」といい、パンダンリーフやタイティーで風味づけします。一口大に切った食パンは蒸すことでふんわりもっちりとし、こんがりと焼けたトーストとは違う魅力が生まれます。このしっとり感が、ココナッツミルクの香りと調和します。

材料（1枚分）

角食パン（5枚切り）……1枚
タイティーカスタードクリーム※1 …… 適量

※1 タイティーカスタードクリーム（作りやすい分量）
卵黄 …… 1個
グラニュー糖 …… 25g
ココナッツミルク ……100g
タイティー※2 …… 80㎖
コーンスターチ ………… 8g

※2 タイティー
タイティーの茶葉6gに熱湯120㎖を加えて3分蒸らし、茶こしでこす。タイティーの代わりに、アッサムティーを使用してもよい。

作り方

1. タイティーカスタードクリームを作る。ボウルに卵黄を入れ、グラニュー糖を加えて泡立て器で混ぜ合わせる。コーンスターチも加えてさらに混ぜる。ココナッツミルクとタイティーを加えて混ぜ合わせたら、ボウルごと湯煎にかけ、泡立て器で攪拌しながら加熱する。ぽってりととろみがついてきたら湯煎から外し、氷水に当てて急冷する。
2. 角食パンは16等分に切り、せいろ(p.19参照)で1分蒸す。
3. 1と2を皿に盛り付け、2に1をつけて食べる。

カノムパンナークン

ขนมปังหน้ากุ้ง

日本では「タイ風えびトースト」として知られ、人気の高いタイのスナックで、えびのすり身をパンの上にのせて揚げたものです。食パンはさっくりと香ばしく、ふんわりジューシーなえびのすり身は旨みたっぷり。揚げることでパンとえびが調和し、一体感のある味わいに仕上がります。スイートチリソースをたっぷりつけていただきましょう。

材料(2枚分)

角食パン(10枚切り) …… 2枚
むきえび(背わたを取る) ……150g
豚バラ肉※ ……15g
たまねぎ(みじん切り) …… 12g
コリアンダー(みじん切り) …… 5g

A
卵白 ……1/2個分
片栗粉 …… 小さじ1
ナンプラー …… 小さじ1
塩 ………… 少々
白こしょう ……… 少々

揚げ油 ……… 適量
スイートチリソース ………… 適量
レモン ……… 1/4個

※豚バラ肉を少量加えることでコクがプラスされ、えびの旨みが引き立つ。少量なので、豚バラ肉をエビに替えて作ってもよい。

作り方

1. 角食パンは耳を切り落とし、表面が乾燥する程度に軽くトーストする。

2. えびと粗く刻んだ豚バラ肉をフードプロセッサーに入れ、粗く刻まれる程度に軽く攪拌する。Aを加えて全体がつながるまでさらに攪拌する。(フードプロセッサーがない場合は、包丁でたたいてから混ぜ合わせてもよい。)

3. たまねぎ、コリアンダーを混ぜ合わせてから、1に半量ずつ塗る。

4. 揚げ油を170℃に熱し、3のえびを塗った面を下にして揚げる。表面がキツネ色になったら裏返し、全体が色づいたら取り出す。

5. 対角線上に4等分に切り、皿に盛る。くし型切りにしたレモン、スイートチリソース、コリアンダー(分量外)を添える。

ナガタユイ
Food coordinator

食品メーカー、食材専門店でのメニューおよび商品開発職を経て独立。サンドイッチやパンのある食卓を中心に、メニュー開発コンサルティング、書籍や広告のフードコーディネートなど、幅広く食の提案に携わる。日本ソムリエ協会認定ソムリエ、チーズプロフェッショナル協会認定チーズプロフェッショナル、国際中医薬膳師、ル・コルドン・ブルーのグラン・ディプロム取得。著書に『サンドイッチの発想と組み立て』『卵とパンの組み立て方』『果実とパンの組み立て方』『生野菜とパンの組み立て方』『温野菜とパンの組み立て方』(全て誠文堂新光社)、『テリーヌ＆パテ』(河出書房新社) などがある。

参考文献
『フランス 食の事典』(白水社)
『新ラルース料理大事典』(同朋舎)
『デュマの大料理辞典』アレクサンドル・デュマ著 (岩波書店)
『パン』安達巖著 (法政大学出版局)
『発酵食品の歴史』クリスティーン・ボームガースバー著 (原書房)
『パンの歴史』ウィリアム・ルーベル著 (原書房)
『パンの文化史』舟田詠子著 (NHK出版新書)
『なぜ日本のフランスパンは世界一になったのか』阿古真理著 (NHK出版新書)
『ミセス・クロウコムに学ぶ ヴィクトリア朝クッキング』アニー・グレイ、アンドリュー・ハン著 (ホビージャパン)
『パンの科学』吉野精一著 (講談社)
『Mrs Beeton's Book of Household Management』Isabella Beeton (Oxford World's Classics)

撮影	髙杉 純	校正	野中良美
デザイン・装丁	那須彩子 (苺デザイン)	調理アシスタント	坂本詠子

コク、甘み、塩味のバランスで作る
おいしさの探求

トーストの発想と組み立て

2025年1月20日　発　行　　　　NDC596

著　　者　ナガタユイ
発　行　者　小川雄一
発　行　所　株式会社 誠文堂新光社
　　　　　　〒113-0033　東京都文京区本郷3-3-11
　　　　　　https://www.seibundo-shinkosha.net/
印刷・製本　TOPPANクロレ 株式会社

ISBN978-4-416-72342-5